ARTES DO LIVRO 5

A FORMA DO LIVRO

A FORMA DO LIVRO

ENSAIOS SOBRE TIPOGRAFIA
E ESTÉTICA DO LIVRO

Jan Tschichold

INTRODUÇÃO
Robert Bringhurst

TRADUÇÃO
José Laurenio de Melo

Ateliê Editorial

Título do original alemão
Ausgewählte Aufsätze über Fragen der Gestalt des Buches und der Typographie
publicado por Birkhäuser Verlag, Basel, © 1975.

Traduzido da edição publicada em 1991 por
Hartley & Marks Publishers, Inc. sob o título
The Form of the Book Essays on the Morality of Good Design.
Translated from the German by Hajo Hadeler.
Edited, with an Introduction, by Robert Bringhurst.

Dados Internacionais de Catalogação na Publicação (CIP)
(Câmara Brasileira do Livro, SP, Brasil)

Tschichold, Jan.
A forma do livro: ensaios sobre tipografia e estética do livro / Jan Tschichold; introdução Robert Bringhurst; tradução José Laurênio de Melo. – Cotia, SP: Ateliê Editorial, 2007.

Título original: The form of the book: essays on the morality of good design
ISBN 978-85-7480-361-6

1. Design gráfico (Tipografia)   2. Estética   3. Livros – Diagramação
I. Bringhurst, Robert   II. Título.

07-2078   CDD 686.22

Índices para catálogo sistemático:
1. Livros: Design: Tipografia: Impressão   686.22

Direitos reservados à
ATELIÊ EDITORIAL
Estrada da Aldeia de Carapicuíba, 897
06709-300 – Granja Viana – Cotia – SP
Telefax (11) 4612-9666
www.atelie.com.br
contato@atelie.com.br
2014

Impresso no Brasil 2014
Foi feito depósito legal

Sumário

Introdução
11

Barro na Mão do Oleiro (1949)
25

Artes Gráficas e Design de Livro (1958)
31

Sobre Tipografia (1952)
35

A Importância da Tradição
na Tipografia (1966)
47

Tipografia Simétrica
ou Assimétrica? (1965)
57

Correlação Coerente entre
Página de Livro e Mancha Tipográfica (1962)
61

Tipografia e a
Folha de Rosto Tradicional (1958)
91

Normas da Casa para Composição:
As Instruções Permanentes do Editor
para o Compositor (1937)
123

Como Deve ser uma Página-modelo (1950)
127

Conseqüências da Composição Cheia (1956)
131

Por que os Inícios de Parágrafo
Devem Ser Recuados (1950)
135

Grifos, Versaletes e Aspas
em Livros e Publicações
Científicas (1964)
141

Sobre Entrelinhamento (1940)
151

Composição de Algarismos Elevados
e Notas de Rodapé (1975)
155

Reticências (1957)
161

SUMÁRIO

Travessões (1975)
165

Viúvas e Forcas (1951)
169

Planejamento do Leiaute Tipográfico
de Livros com Ilustrações (1946)
173

Requife, Cores dos Cortes,
Guardas e Fita de Marcador de Página (1975)
191

Sobrecapa e Cinta (1946)
197

Sobre Livros Largos Demais,
Grandes Demais ou Quadrados (1975)
203

Papel de Impressão: Branco ou Mate? (1951)
207

Dez Erros Comuns na
Produção de Livros (1975)
213

Índice
215

Introdução

ROBERT BRINGHURST

A TIPOGRAFIA, na visão newtoniana, não é nem muito interessante nem misteriosa; é simplesmente escrita mecanizada. Agora que o *chip* de silício se juntou à roda, à alavanca e ao plano inclinado, a tipografia é também escrita informatizada, digitalizada: mais complexa do que era, mas não mais profunda; e, talvez, cada vez mais sujeita à moda.

Vista com olhos mais cândidos, ou de uma perspectiva mais cautelosa, a tipografia ainda evoca o pasmo e o temor com que assustou o mundo medieval. É uma arte negra que confina com a inseminação artificial e pode propor questões morais igualmente difíceis. Tipografia é escrita que é editorada, moldada, emendada e destinada a reproduzir-se por meios artificiais; e a própria escrita é uma espécie de banco genético para idéias. Contida dentro das escolas, a tipografia é um meio de produzir frutos – de mentes e vidas selecionadas – em outras mentes e vidas. Solta no mundo, é um vetor incontrolável, como o mosquito portador da malária, capaz de espalhar idéias tão indiscriminadamente como se fossem vírus ou germes. As possibilidades de seu uso e abuso são potentes e inumeráveis.

Como outras artes, da medicina à música, a tipografia também requer estreita proximidade e distância. Isso não é o que parece, um senso esquizofrênico de escala, mas uma espécie de tensa completude. A tipografia é, afinal, um processo em que grandes objetos – epopéias, enciclopédias e bíblias, por exemplo – se constroem a partir de minúsculos componentes, como os traços e contornos de letras. É, portanto, trabalho em que convergem constantemente perspectivas macroscópicas e microscópicas. Como se isso não bastasse, é também uma empresa em que a história está continuamente presente e deve, portanto, manter-se continuamente viva. Essas são, entre outras, as coisas que a tornam antimecânica e nutritiva.

Jan Tschichold foi por toda a vida um estudante, professor e praticante da tipografia, apaixonadamente preocupado com os princípios mais amplos e os detalhes mais ínfimos da arte e do ofício de sua predileção. Foi também um artista sobrenaturalmente cônscio da história de sua profissão e dos materiais que manuseava todos os dias. Para ele, o que era objeto de reflexão e trabalho na vida cotidiana não era apenas metal, tinta e papel, mas a história da literatura, das formas gráficas e do livro como força cultural em prol da conservação e da mudança.

Tschichold nasceu em Leipzig em 1902. Na adolescência estudou pintura e desenho naquela cidade repleta de lembranças de Leibniz, Goethe, Lutero, Mendelssohn e Bach. Conta-se que, aos doze anos, o aspirante a artista ficou tão insatisfeito com o aspecto material de um romance que estava lendo que lhe redesenhou a folha de rosto e tentou em vão alterar o fluxo do texto. Seis anos depois, ainda em sua cidade natal, não só estudava como ensinava design gráfico e tipografia.

Em 1925, mudou-se para Berlim, onde passou pouco tempo, e em 1926, para Munique. Em 1933, após seis semanas de prisão por praticar uma estética reprovada pelo Partido Nacional Socialista, fugiu com a mulher e o filho pequeno para a Suíça. Assim começou um exílio que nun-

INTRODUÇÃO

ca teve fim. Fez visitas ocasionais à França, Escandinávia, Grã-Bretanha e aos Estados Unidos, e passou dois anos na Penguin Books em Londres. Fora isso, Tschichold viveu e trabalhou na Suíça, de 1933 até falecer em Locarno, em 1974.

Como todo artista consciente, examinava e analisava com toda a atenção tudo o que admirava. Media livros e manuscritos antigos, registrava dimensões, esboçava formas de páginas e de letras. O resultado mais importante desse hábito da vida inteira, além de seu próprio crescimento como designer, foi o longo ensaio "Correlação Coerente entre Página de Livro e Mancha Tipográfica", que alcançou enorme repercussão e está incluído neste volume. Tschichold tinha sessenta anos quando o publicou, à sua custa, em Basiléia em 1962. Esse estudo decisivo foi reimpresso muitas vezes na Alemanha, e em 1963 saiu no (hoje extinto) periódico *Print in Britain* a tradução inglesa de Ruari McLean, "Non-arbitrary Proportions of Page and Type Area". Até onde eu sei, esta é, não obstante, a primeira vez que o ensaio aparece em forma de livro em inglês. (O único outro dos ensaios deste livro a aparecer antes em inglês foi "Barro na Mão do Oleiro", traduzido no *Penrose Annual*, Londres, 1949.)

A escrita de Tschichold, como sua mente, cobria imenso território, ainda que voltasse constantemente a pormenores enervantes e considerações elementares em torno de seu ofício preferido. Seus ensaios profissionais exploram desde os princípios gerais de cor e proporção em tipografia até os requintados detalhes de recuos de abertura de parágrafos, reticências e as formas do *ampersand* (&) e do *eszett* (ß). Traduziu não somente T. J. Cobden-Sanderson mas também Paul Valéry. Preparou edições de antologias de arte caligráfica e tipográfica e também de poesia alemã e de lírica persa em tradução alemã. Além de seus livros e ensaios tipográficos, escreveu sobre blocos xilográficos chineses, arte popular vietnamita e os romances satíricos de Laurence Sterne. O homem expulso de seu posto de ensino em Munique pelos nazistas, porque seus designs ginástico-tipográficos "ameaçavam a moral e a cultura alemã", estava atento para a sabedoria de Epicteto, o alforriado escravo grego que o imperador Domiciano havia banido de Roma, em 89 da nossa era, por ensinar filosofia. O romancista cômico favorito de Tschichold cita uma declaração de Epicteto na folha de rosto do primeiro volume de *Tristram Shandy*: "Não as coisas propriamente ditas, mas as opiniões concernentes a elas, que perturbam os homens".

Como seu eminente contemporâneo Stanley Morison, Tschichold amava enunciados categóricos e regras absolutas, mas era vitalmente cônscio das limitações que os restringiam. Repetidamente, nos ensaios aqui reunidos, anuncia uma regra com força e convicção ditatorial, e logo na oração seguinte começa a enumerar as exceções e contradições. Se, na ocasião, esquece-se de enumerá-las, devemos a ele a cortesia de podermos especificá-las nós mesmos. Não era sua ambição ser Deus.

Mas era sua ambição tornar visível a música das esferas. *Harmonie* e *Takt* são palavras que aparecem com freqüência nesses ensaios. A última é amiúde traduzida, corretamente, como tato. Só que a palavra alemã tem conotações musicais que faltam à sua cognata inglesa [e portuguesa]. *Takt* significa medida, ritmo, tempo no sentido musical. Um *Taktstock* é a batuta do regente. Quando Tschichold fala de "margens harmonicamente perfeitas" ou de "páginas em que há títulos de parte no mesmo tom

INTRODUÇÃO

da página de texto" e quando diz que o verdadeiro design de livro "é só uma questão de *Takt*", convém lembrar que o autor destas frases nasceu e cresceu à sombra da Johanniskirche de Bach. O próprio Tschichold não tocava instrumento algum, salvo a caixa de tipos e o lápis, mas essas analogias musicais não são amáveis fraseados ou chavões; mergulham fundo no ofício.

Tschichold passou sua vida útil devotado não a uma oficina de amadores mas ao mundo do comprometimento perpétuo, também conhecido como atividade editorial. Sua tarefa principal na Penguin Books e em outras casas do ramo, como explicou em outro ensaio, era a produção massiva dos clássicos. Ele queria, portanto, não só desenhar a página perfeita mas também entender a gramática interna de seu próprio design, a fim de ensinar os princípios básicos a outros. A razão era simples: o que queria não era encontrar refúgio numa biblioteca melhor mas viver num mundo melhor.

Esse desejo sustenta sua insistência em alcançar soluções por meio do cálculo em lugar da regra incontestada ou do instinto desbravador. O objetivo não era rejeitar ou desacreditar o instinto, mas abrir os olhos do instinto. Como qualquer cozinheiro, Tschichold sabia que os componentes, as condições e ocasiões diferem. Calcule a posição exata, diz ele, e depois faça ajustes, se necessários, usando seu olho treinado. Na linguagem da cozinha: tente a receita ou altere-a o suficiente para adequar-se a seus ingredientes e suas condições, mas em qualquer caso prove o resultado e corrija o tempero enquanto tem alguma chance.

Seu primeiro livro, *Die Neue Typographie* [*A Nova Tipografia*] (Berlim, 1928), pregava a doutrina da economia, da simplicidade e do funcionalismo, e tratava de encontrar princípios unificadores para associar todas as áreas do design tipográfico. Um livro subseqüente, *Typographische Gestaltung* [*Configuração Tipográfica*] (Basiléia, 1935), que moderava e aprofundava esses princípios, persistia, ainda assim, na mesma agenda. Outro tema do livro era a relação entre a moderna tipografia e a pintura não-representacional.

Typographische Gestaltung alterou a prática de toda uma nova geração de designers quando a tradução inglesa de Ruari McLean foi finalmente publicada, em 1967, com o título de *Asymmetric Typography*. Até ali o mundo de língua inglesa estava bastante feliz por flertar com a arquitetura funcional e o desenho industrial europeus. Harvard, Yale, Aspen e Chicago tinham arrumado um pequeno espaço para Walter Gropius e outros refugiados da Bauhaus. Mas os norte-americanos não tinham pressa em admitir que os livros podem ser tão importantes, ou merecer tanto respeito, ou ter tanta necessidade de design quanto os edifícios. Nossa relutância coletiva em refletir sobre tipografia pode ser medida, neste caso, por dois fatos. Primeiro (embora bibliografias* de Tschichold não digam isso), quem publicou *Asymmetric Tyography* não foi nenhuma das grandes companhias de Nova York e Londres que mais tarde se associaram como co-editoras; foi, em vez disso, uma pequena firma canadense de designers e tipógrafos, Cooper & Beatty, de Toronto. Segundo, quando afinal foi publicada, já existia aquela tradução inglesa, como original à cata de editor, havia mais de vinte anos.

Nesse ínterim, Tschichold, como qualquer artista que se preza, havia deixado para trás seus manifestos e manuais.

---

* *Jan Tschichold: Typograph and Schriftentwerfer*, Zürich, Kunstgewerbemuseum, 1976, e *Leben und Werk des Typographen Jan Tschichold*, Dresden, Verlag der Kunst, 1977.

INTRODUÇÃO

Com efeito, o radical assimétrico, sem-serifa, começou a fazer design simétrico, com serifa, já em 1935, mesmo ano em que sua posição em favor da assimetria se tornou conhecida. Como Stravinsky, após ganhar fama de rebelde, iniciou uma longa e produtiva fase neoclássica.

Foi este o tipo de design que o levou para a Penguin Books, quando ali se tornou Diretor de Tipografia em 1947. Durante os dois anos que passou lá, educou o gosto de leitores da Grã-Bretanha e de além-mar, e revolucionou a prática de uma geração de impressores e tipógrafos que de outro modo teriam continuado inertes e felizes. Só muito tempo depois da volta de Tschichold para a Suíça foi que a Penguin Books passou por uma conversão parcial ao design assimétrico, sem-serifa, que ele tinha preconizado em Munique e Basiléia décadas antes.

A feiúra pomposa mas espartilhada da tipografia européia no começo do século XX precisava de limpeza e exercícios vigorosos, e o modernismo funcional parecia ser o acicate e o cáustico exigidos. Isso explica bastante bem a motivação por trás da Nova Tipografia dos anos 1920. Mas quais eram os motivos do modernismo neoclássico que se seguiu? Em 1946, num ensaio intitulado "Glaube und Wirklichkeit" ["Fé e Fato"]*, Tschichold considerou o significado de suas mudanças de estilo:

Entroncar princípios tipográficos no que chamávamos pintura "abstrata" ou "não-objetiva" ... nos deu uma tipografia subitamente estranha e útil. Mas não me parece coin-

---

* Uma tradução inglesa completa está publicada como Apêndice 3 do proveitoso livro de Ruari McLean, *Jan Tschichold: Typographer*, London, Lund Humphries, 1975.

cidência que essa tipografia fosse quase totalmente uma criação alemã, pouco bem-vinda em outros países. Sua atitude impaciente provém da preferência alemã pelo absoluto. ... Porém, vi isto só mais tarde, na democrática Suíça. Desde então parei de promover a Nova Tipografia. ...

O Terceiro Reich não foi superado por ninguém na busca de "progresso" técnico por meio de seus preparativos para a guerra, que eram hipocritamente escondidos atrás da propaganda em favor de formas medievais de sociedade e expressão. A fraude localizava-se na própria raiz, e por isso não podia ser aceita pelos modernistas sinceros que eram seus opositores políticos. No entanto, eles mesmos, sem o saber, situavam-se muito próximos da mania de "ordem" que dominava o Terceiro Reich. ...

A Nova Tipografia ou Tipografia Funcional é perfeitamente adequada para anunciar os produtos da indústria (sua origem é a mesma, afinal), e preenche aquela função agora como então o fazia. Seus meios de expressão, ainda assim, são limitados, porque sua única meta é a "clareza" ou "pureza" extrema. ... Bodoni foi o antepassado da Nova Tipografia, na medida em que se encarregou de purgar o tipo romano de todos os traços das formas escritas subjacentes e ... reconstruí-lo a partir de simples formas geométricas.

Mas muitos problemas tipográficos não podem ser solucionados segundo essas linhas regimentais sem que se cometa violência contra o texto. ...*

---

* Nesta citação, para entender o uso das reticências, cf. "Reticências", pp. 161-163, em que se explica como o autor não faz distinção entre o subentendido (ou reticências propriamente ditas) e o corte propositado (por motivos que vão de falta de decoro à de importância) de qualquer extensão de texto. O uso da Ateliê Editorial, não observado aqui por razões óbvias,

INTRODUÇÃO

As questões práticas que decorrem desse entendimento são abordadas por diversos ensaios deste livro: "Tipografia Simétrica ou Assimétrica?", "A Importância da Tradição em Tipografia" e outros, escritos nos anos de 1950 e 1960. As questões históricas da arte – as questões de ética, estética e interpretação –, que também derivam da inteligente e corajosa investigação de Tschichold sobre a significação do estilo tipográfico, são questões que todo tipógrafo, designer de tipo e leitor dos nossos dias desejaria continuar suscitando e tentando responder mais uma vez.

A criação de tipos, diferentemente da criação *com* tipos, é um assunto que não é tratado neste livro de ensaios, mas o design de tipos foi também um aspecto essencial da carreira de Tschichold. Infelizmente, sua estatura nesse campo é difícil de avaliar, porque grande parte da comprovação dessa atividade foi destruída. Suas primeiras titulares, projetadas para Lettergieterij Amsterdam e para a fundição Schelter & Giesecke de Leipzig, não têm interesse duradouro. Mas os oito ou dez tipos serifados e sem-serifa que ele projetou para o sistema de fotocomposição de Uhertype, nos anos 1930, não foram produzidos antes da Segunda Guerra Mundial, e todos os desenhos e fotos do projeto parecem estar agora perdidos. Vi amostras do romano Uhertype sem-serifa que revelam a presença de uma fonte leve e graciosa, possivelmente no mesmo nível dos melhores sem-serifa da época: Futura, de Paul Renner, e Gill Sans, de Eric

---

segue Tschichold na inexistência de espaço entre o final da palavra e as reticências, mas marca o corte proposital colocando as reticências entre colchetes – englobando qualquer sinal de pontuação acaso existente no texto omitido –, com espaço antes e depois. – N. DA R.

Gill. Se as outras fontes eram do mesmo quilate, valeria a pena inspecionar as peças e restaurar esses caracteres para uso nos nossos dias.

A única família sobrevivente de caracteres de texto de Tschichold, Sabon, foi desenhada no início da década de 1960. A incumbência de Tschichold, neste caso, era criar uma família de tipos em metal para a composição tanto manual como mecânica. Devia lembrar os tipos romanos de Claude Garamond, e seu tamanho e aspecto não deviam variar, fosse qual fosse o método de composição usado. Em outras palavras, tinha de atender às restrições técnicas simultâneas da Monotype e da Linotype e ainda parecer adequada à composição manual. Isto estabeleceu limites complexos à largura dos caracteres, ao comprimento das ascendentes e descendentes das letras, às possibilidades de crenagem e a outros fatores. Mas Tschichold venceu tais desafios. Sabon atendeu às exigências originais e sobreviveu à quase imediata tradução para fototipo. Continua a ser hoje um tipo exemplar e útil, no singular mundo novo das máquinas digitais.

*

Foi Vic Marks quem primeiro insistiu em que se promovesse uma tradução inglesa de *A Forma do Livro*, e Hajo Hadeler foi quem fez a tradução. Minha contribuição, que foi mínima, consistiu apenas em traduzir quatro versos de Heine, inserir algumas datas, alguns nomes e asteriscos, e defender a conservação dos pés-de-ganso* de Tschichold para marcar títulos e citações. O design do livro baseia-se no do próprio Tschichold, embora a escala seja maior e a

---

* Aspas angulares. Esta edição substitui-as por aspas romanas. – N. da R.

INTRODUÇÃO

composição da página tenha mudado. (O original alemão foi composto em Monotype Van Dijck*.)

Tschichold planejou lançar a primeira edição alemã destes ensaios em 1967, mas a publicação foi adiada até 1975, ano seguinte ao de sua morte. Uma segunda edição – nosso texto de trabalho para esta tradução – foi publicada em 1987. Dos vinte e cinco ensaios daquele volume, dois me pareceram com pouco potencial de uso ou interesse para o leitor de hoje. Um era dedicado ao tratamento gráfico da lombada dos livros e o outro às marcas de assinatura dos impressores nos cadernos. Ambos eram curtos, e os omiti. Nos ensaios que permanecem, também suprimi um ou outro parágrafo em que o contexto parecia limitado ao fenômeno quase extinto da impressão tipográfica comercial, ou a condições tipicamente alemãs ou germano-suíças. (O próprio Tshichold adotou o mesmo critério quando consultado sobre a tradução inglesa de *Typographische Gestaltung*.)

Tal como está, o texto ainda se mostra intimamente enredado em considerações práticas. Impressão tipográfica e ofsete diferem, como pintura a óleo e aquarela, e Tschichold era o tipo do artista que trabalha em estreita colaboração com seu veículo. Seu pronto descarte de notas marginais e de algarismos pendurados abaixo da linha composta, por exemplo, pode estar relacionado com as limitações da impressão comercial, tipográfica. No mundo da paginação digital, essas limitações específicas desapareceram e outras vieram substituí-las. Mas permanecem a lógica, a inteligência e o espírito que embasavam a abordagem tschicholdiana da tipografia.

* Esta edição foi composta em Sabon, publicada pela Adobe Systems e desenhada originalmente por Jan Tschichold. – N. do E.

Porque técnicas e idéias mudam, procurei determinar a data da primeira publicação de cada ensaio e consignar aquela data no Sumário. Até onde posso afirmar, os cinco ensaios datados de 1975 ficaram inéditos até sua inclusão póstuma na primeira edição alemã deste livro. Creio que foram escritos o mais tardar até 1967.

A FORMA DO LIVRO

Barro na Mão do Oleiro*

TIPOGRAFIA perfeita é mais uma ciência do que uma arte. O domínio do ofício é indispensável, mas isto não é tudo. O gosto certeiro, marca distintiva da perfeição, assenta numa clara compreensão das leis do design harmonioso. De modo geral, o gosto impecável brota, em parte, da inata sensibilidade: do sentimento. Mas os sentimentos são um tanto improdutivos, a menos que inspirem um julgamento seguro. Os sentimentos precisam amadurecer e converter-se em conhecimento das conseqüências de decisões formais. Por esta razão não há mestres naturais de tipografia, mas o autodidatismo pode, com o tempo, conduzir à proficiência.

É um erro dizer que não cabe discutir sobre gosto quando está em questão o bom gosto. Não nascemos com bom gosto, nem entramos neste mundo equipados com um real entendimento da arte. Simplesmente reconhecer quem ou o que está representado num quadro tem pouco a ver com um real entendimento da arte. Diga-se o mesmo de uma opinião desinformada sobre as proporções das letras romanas. Em todo caso, discutir é insensato. Aquele que quer convencer tem de fazer um trabalho melhor do que outros.

Bom gosto e tipografia perfeita são suprapessoais. Hoje o bom gosto é quase sempre rejeitado como antiquado porque o homem comum, buscando aprovação para sua suposta

* Escrito na Inglaterra em fins de 1948. – JT

personalidade, prefere seguir os ditames de seu próprio estilo peculiar a se submeter a qualquer critério objetivo de gosto.

Numa obra-prima tipográfica, a assinatura do artista é eliminada. O que alguns podem elogiar como estilos pessoais são, na realidade, pequenas e vazias peculiaridades, freqüentemente danosas, que se disfarçam de inovações. Exemplos são o emprego de uma única família de tipo – talvez uma fonte sem-serifa ou um bizarro cursivo do século XIX –, uma predileção por misturar fontes heterogêneas ou a aplicação de limitações aparentemente corajosas, como utilizar um único corpo de tipo para uma obra inteira, ainda que bastante complexa. Tipografia pessoal é tipografia deficiente. Só iniciantes e bobos insistirão em usá-la.

Tipografia perfeita depende de perfeita harmonia entre todos os seus elementos. Devemos aprender, e ensinar, o que isto significa. A harmonia é determinada por relações ou proporções. Proporções escondem-se em toda parte: na amplitude das margens, nas relações recíprocas de todas as quatro margens da página do livro, na relação do entrelinhamento da mancha com as dimensões das margens, na colocação do número da página com respeito à mancha, na eventual diferença entre o espacejamento das letras maiúsculas e o espacejamento do texto e, não menos importante, no espacejamento das próprias palavras. Em suma, afinidades escondem-se em qualquer parte e em todas elas. Só graças à prática constante e à mais rigorosa autocrítica podemos habilitar-nos a reconhecer uma obra de arte perfeita. Infelizmente a maioria parece contentar-se com um desempenho medíocre. O cuidadoso espacejamento de palavras e o correto espacejamento de maiúsculas parecem ser desconhecidos ou não ter importância para alguns tipógrafos, mas, para aquele que investiga, as regras corretas não são difíceis de descobrir.

Uma vez que a tipografia diz respeito a cada um e a todos, não sobra espaço para mudanças revolucionárias. Não podemos alterar a forma essencial de uma única letra sem, ao mesmo tempo, destruir a conhecida face impressa de nossa linguagem e, assim, inutilizá-la.

A cômoda legibilidade é o marco absoluto de toda tipografia; no entanto, só um leitor consumado pode apropriadamente julgar a legibilidade. Ser capaz de ler uma cartilha, ou mesmo um jornal, não faz de ninguém um juiz; em geral, ambos são fáceis de ler, ainda que mal. São *decifráveis*. Decifrabilidade e legibilidade ideal se opõem. A boa legibilidade resulta da combinação de um texto adequado e um método de composição apropriado. Para a tipografia perfeita é absolutamente necessário um conhecimento exaustivo do desenvolvimento histórico das letras usadas na impressão de livros. Ainda mais valioso é um conhecimento efetivo de caligrafia.

A tipografia da maioria dos jornais está decididamente em decadência. A ausência de forma destrói até os primeiros sinais de bom gosto e frustra seu desenvolvimento. Preguiçosa demais para pensar, muita gente lê mais jornais do que livros. Não surpreende, então, que a tipografia como um todo não evolua, e a tipografia do livro não é exceção. Se um tipógrafo lê mais jornais do que qualquer outra coisa, onde adquiriria um conhecimento do bom gosto em tipografia? Assim como uma pessoa se acostuma a uma cozinha inferior quando não dispõe de nada melhor e faltam meios de comparação, assim também muitos dos leitores de hoje se habituaram a uma tipografia inferior porque lêem mais jornais do que livros e desse jeito *matam o tempo*, como dizem de modo tão sucinto. Como não estão familiarizados com uma tipografia melhor, não podem desejá-la. E, sem saber como fazer melhor as coisas, falta voz para o resto. Principiantes e amadores superestimam a importância da chamada onda cerebral, a súbita idéia brilhante. A tipografia perfeita é, em grande parte, uma questão de escolha entre possibilidades diversas e já existentes: uma escolha baseada em vasta experiência. A escolha correta é uma questão de tato. A boa tipografia nunca pode ser extravagante. É precisamente o oposto de uma aventura. A idéia brilhante tem pouca ou nenhuma valia. É ainda menos valiosa se só se aplica a um único trabalho. É condição de um bom trabalho tipográfico que cada parte seja formalmente dependente de todas as outras. Essas relações evoluem lentamente enquanto o trabalho está em andamento. Hoje, a arte da boa tipografia é eminentemente lógica. Difere de todas as outras formas de arte no fato de que uma porção substancial da lógica intrínseca é acessível à verificação por pessoas leigas. Circunstâncias existem, contudo, em que uma graduação perfeitamente lógica mas demasiado complexa de corpos de tipos pode ser sacrificada para se alcançar uma imagem mais simples.

Quanto mais significativo é o conteúdo de um livro, mais tempo precisa ser preservado e mais equilibrada, de fato, mais perfeita, tem de ser sua tipografia. Entrelinhamento, espaçamento entre letras e espaçamento entre palavras devem ser impecáveis. As relações das margens entre si, as relações de todos os corpos de tipo usados, a colocação de títulos correntes: tudo deve exibir proporções nobres e produzir um efeito inalterável.

As decisões tomadas em tipografia *superior* – sobre o design da folha de rosto de um livro, por exemplo – estão, como um gosto sumamente refinado, ligadas à arte criativa. Aqui é possível inventar formas e formatos que em sua perfeição se igualem a qualquer coisa que a boa escultura e a boa pintura têm a oferecer. O especialista é compelido a admirar essas criações tanto mais porque o tipógrafo, mais do que qualquer outro artista, está acorrentado à palavra inalterável, e só um mestre pode despertar para sua verdadeira vida as letras rígidas e formais empregadas na impressão de livros.

Tipografia sem mácula é certamente a mais frágil de todas as artes. Criar um todo a partir de muitas partes petrificadas, desconexas e determinadas, fazer com que esse todo pareça vivo e consistente – só a escultura em pedra se aproxima da inflexível rigidez da tipografia perfeita. Para a maioria das pessoas, mesmo a tipografia impecável não contém nenhum apelo estético particular. Em sua inacessibilidade, ela se assemelha à grande música. Na melhor das circunstâncias, é aceita com gratidão. Permanecer anônimo e sem apreciação explícita, não obstante ter prestado um serviço a uma obra valiosa e ao pequeno grupo de leitores visualmente sensível – esta, de modo geral, é a única compensação para a longa, e na verdade interminável, servidão do tipógrafo.

Artes Gráficas e Design de Livro

O TRABALHO de um designer de livro difere essencialmente do de um artista gráfico. Este está buscando constantemente novos meios de expressão, levado ao extremo pelo desejo de ter um "estilo pessoal". Um designer de livro deve ser um servidor leal e fiel da palavra impressa. É sua tarefa criar um modo de apresentação cuja forma não ofusque o conteúdo e nem seja indulgente com ele. O trabalho do artista gráfico deve corresponder às necessidades da época e, a não ser em coleções, raras vezes tem vida longa – ao contrário de um livro, que, presume-se, deve durar. O objetivo do artista gráfico é a auto-expressão, ao passo que o designer de livro responsável, consciente de sua obrigação, despoja-se desta ambição. O design de livro não é campo para aqueles que desejam "inventar o estilo de hoje" ou criar algo "novo". No sentido estrito do vocábulo, não pode haver algo "novo" na tipografia de livros. Embora em grande parte esquecidos hoje em dia, métodos e regras que são impossíveis de superar foram desenvolvidos ao longo de séculos. Para produzir livros perfeitos, essas regras precisam ser reavivadas e aplicadas. O objetivo de todo design de livro deve ser a perfeição: encontrar a representação tipográfica perfeita para o conteúdo do livro em elaboração. Ser "novo" e surpreendente é a meta dos publicitários.

A tipografia de livros nada tem a ver com publicidade. Se adota elementos da gráfica publicitária, abusa da santidade da palavra escrita, obrigando-a a servir à vaidade de um artista gráfico incapaz de cumprir seu dever como simples lugar-tenente. Isso não quer dizer que a obra do designer de livro deva ser incolor ou vazia de expressão, nem que um livro criado anonimamente numa oficina gráfica não deva ser belo. Graças ao trabalho de Stanley Morison, eminente artista da Monotype Corporation, de Londres, Inglaterra, o número de magníficas publicações subiu extraordinariamente durante os últimos vinte e cinco anos*. Escolher uma fonte bem ajustada ao texto; projetar uma página primorosa, idealmente legível, com margens harmonicamente perfeitas, impecável espacejamento de palavras e letras; escolher corpos de tipo ritmicamente corretos para folhas de rosto e títulos, e compor as páginas em que há títulos de seção e de capítulos genuinamente belas e graciosas, no mesmo tom da página de texto – por esses meios um designer de livro pode contribuir muito para a fruição de uma valiosa obra de literatura. Se, em vez disso, escolhe um tipo modernoso, talvez um sem-serifa ou um daqueles tipos criados por algum "designer" alemão, nem sempre horrendos mas em geral indiscretos demais para um livro, transforma então o livro num item de moda. Isto só é adequado quando se trata de produto de vida curta. É inadequado quando o livro tem importância intrínseca. Quanto mais significativo é o livro, menor é o espaço para o artista gráfico se posicionar e documentar, por meio de seu "estilo", que ele, e ninguém mais, projetou o livro.

    Não há dúvida de que obras sobre nova arquitetura ou pintura moderna podem extrair seu estilo tipográfico da

---

* Esta afirmação foi feita em 1958. Morison era o consultor tipográfico da Monotype Corporation e não propriamente um artista ou designer. – RB

arte gráfica existente; mas essas são as mais raras das exceções. Mesmo para um livro sobre Paul Klee, por exemplo, não parece correto utilizar um sem-serifa industrial comum. A pobreza de expressão de tal tipo aviltará a sutileza desse pintor. E compor um filósofo ou um poeta clássico nessa fonte ostensivamente moderna está fora de cogitação. Artistas do livro precisam desfazer-se completamente da própria personalidade. Acima de tudo, devem ter uma compreensão amadurecida da literatura e ser capazes de avaliar a importância de um texto em comparação com outro. Aqueles que pensam em termos puramente visuais são inúteis como designers de livros. Rotineiramente não vêem que suas criações artificiosas são sinais de desrespeito à própria literatura a que devem servir.

O perfeito design de livro, portanto, é uma questão de *tato* (andamento, ritmo, toque) somente. Provém de algo raramente valorizado hoje: *bom gosto*. O designer de livro esforça-se por alcançar a perfeição; no entanto, toda coisa perfeita ocupa um lugar na vizinhança da insipidez e freqüentemente é confundida com esta pelos insensíveis. Numa época que tem fome de novidades tangíveis, a perfeição fria não tem valor publicitário algum. Um livro realmente bem projetado é reconhecível como tal somente por uma seleta minoria. A imensa maioria dos leitores terá apenas uma vaga noção dessas qualidades excepcionais. Mesmo visto de fora, um livro verdadeiramente belo não pode ser uma novidade. Pelo contrário, deve afirmar-se como simples perfeição.

Só a sobrecapa do livro oferece à fantasia a oportunidade de reinar por algum tempo. Mas não é nenhum equívoco lutar por uma aproximação entre a tipografia da sobrecapa e a do livro. A sobrecapa é antes de tudo um pequeno cartaz, um chamariz, onde cabe muita coisa que seria inconveniente nas páginas do próprio livro. É uma pena que a capa, a verdadeira veste de um livro, seja tão freqüentemente negligenciada em favor da multicolorida sobrecapa de hoje. Talvez por esta razão muita gente tenha incorrido no mau hábito de guardar livros na estante ainda metidos nas respectivas sobrecapas. Eu poderia entender isto se a capa fosse mal delineada ou mesmo repulsiva. Mas, geralmente, as sobrecapas de livros pertencem à cesta para papéis usados, como os maços vazios de cigarro.

Quanto ao livro em si, é dever supremo dos designers responsáveis despojarem-se de todo anseio de auto-expressão. Eles não são os mestres da palavra escrita, mas seus humildes servidores.

Sobre Tipografia

A TIPOGRAFIA, mesmo quando mal executada, não pode nunca ser aceita sem maior exame; ademais, nunca é acidental. Na verdade, páginas esplendidamente compostas são sempre o resultado de longa experiência. De vez em quando atingem a posição de grande realização artística. Mas a arte da composição tipográfica está distante da obra de arte expressiva, porque o apelo não se limita a um pequeno círculo. Está aberto ao julgamento crítico de todo o mundo, e em parte nenhuma esse julgamento tem mais peso. Tipografia que não pode ser lida por todo o mundo é inútil. Até para alguém que constantemente reflete sobre questões de facilidade de leitura e legibilidade, é difícil determinar se uma coisa pode ser lida com facilidade, mas o leitor mediano se rebela imediatamente quando o tipo é pequeno demais ou então irrita os olhos; ambos já são sinais de uma certa ilegibilidade.

Toda tipografia consiste de letras. Estas aparecem ou na forma de uma frase desembaraçada e corrente ou como um conjunto de linhas, que podem até ter formatos contrastantes. A boa tipografia começa, e esta não é uma questão insignificante, pela composição de uma única linha de texto num livro ou jornal. Usando exatamente o mesmo tipo, é possível criar uma linha agradável, facilmente lida, ou uma incômoda. O espacejamento, se for aberto ou fechado demais, estragará qualquer tipo.

Antes de tudo, a forma das próprias letras contribui muito para a legibilidade ou seu oposto. Pouca gente perde um minuto pensando na forma de um tipo. Para o leigo é quase impossível escolher, da congérie de tipos disponíveis, aquele específico apropriado para o trabalho a realizar. A seleção não é somente uma questão de gosto.

A palavra impressa dirige-se a todos, a pessoas de todas as idades, às instruídas e também às menos instruídas. Quem sabe ler firma um contrato que é mais coesivo e mais difícil de anular do que qualquer outro. Não podemos alterar as características de uma única letra sem tornar, ao mesmo tempo, todos os caracteres do mesmo gênero estranhos e, portanto, inúteis. Quanto mais inusitado é o aspecto de uma palavra que lemos – isto é, reconhecemos – um milhão de vezes em sua forma habitual, mais perturbados nos sentimos se a forma tiver sido alterada. Inconscientemente, exigimos a forma com que estamos acostumados. Qualquer outra coisa nos indispõe e dificulta a leitura. Podemos concluir que um tipo é tanto mais legível quanto menos sua forma básica difere daquela usada há muitas gerações. Pequenas modificações são cogitáveis: forma e comprimento das serifas, por exemplo, ou a mudança da relação entre as partes pesadas e as mais leves da letra. Mas essas variações virtuais encontram seu limite no contrato estabelecido pela forma básica da letra.

Cinqüenta anos de experimentação com muitos textos novos, insólitos produziram a percepção de que os melhores tipos são ou os das próprias fontes clássicas (desde que os punções ou padrões tenham sobrevivido), ou reconstituições delas, ou tipos novos não drasticamente diferentes do modelo clássico. Esta é uma lição tardia e dispendiosa, mas ainda válida. A mais nobre virtude de qualquer texto é não ser notado como tal. A tipografia realmente boa deve ser legível após dez, cinqüenta, mesmo cem anos e não deve nunca repelir o leitor. Não se pode dizer isso de todos os livros impressos no último meio século. Muitas variações só podem ser entendidas por quem tem conhecimento das afinidades históricas. Mas, na ânsia de reformar – e muita coisa precisava de reforma na virada do século –, o alvo muitas vezes não foi atingido.

Relembrando, parece que, acima de tudo, as pessoas queriam que as coisas fossem diferentes. Admitia-se que um novo texto se fizesse notar como tal, uma personalidade implorando respeito. Essas personalidades das fontes conspícuas vieram a calhar num momento em que a publicidade mal começava a ser entendida. Hoje, o efeito da maioria desses textos aparecidos antes da Primeira Guerra Mundial desapareceu. Só alguns podem ainda ser usados.

O quadro da tipografia por volta de 1924 era o de uma paisagem talhada pelo desejo de criar um novo estilo, os *Stilwillen* de muitas e dessemelhantes personalidades. Padecia de um grande número de textos díspares. As máquinas de composição – que hoje têm um efeito benéfico, ao ajudar a limitar o número de fontes em uso* – eram raras. Quase tudo era composto à mão. As fontes disponíveis eram diferentes das existentes em 1880, mas nem sempre melhores, e seu número era mais ou menos o mesmo. Mesclas imprudentes de famílias germinavam como ervas daninhas. Na época, um dos pioneiros da tipografia limpa, rigorosa, era Carl Ernst Poeschel, que, antes de qualquer outro, lutou pela ordem tipográfica. Embora utilizasse muitas fontes abomináveis, ainda assim fez excelente trabalho. Depois

* Esta afirmação foi feita em 1952. – RB

houve Jakob Hegner, que, empregando conscienciosamente uma seleção de tipos tradicionais, imprimiu um bom número de livros que ainda são belos hoje em dia.

A chamada Nova Tipografia apareceu em 1925. Exigia simplicidade radical e abandono da composição simétrica. Assim, cometeu dois erros de raciocínio. Primeiro, atribuiu a culpa pela confusão geral nessa área exclusivamente à multidão de tipos e proclamou ter encontrado a cura, a fonte para o nosso tempo, no tipo sem-serifa. Segundo, considerou o "eixo central" (que de fato deu margem a algumas criações ridículas) como uma camisa-de-força e viu na assimetria uma saída. Então, como agora, uma redução meticulosa do número de fontes de romano e negrito usadas, conservando apenas o melhor das formas acessíveis, e um leiaute mais exigente teriam bastado para melhorar muito a imagem da tipografia. O sem-serifa só parece ser a escrita mais simples. É uma forma que foi violentamente reduzida para crianças pequenas. Para adultos, é mais difícil de ler do que o tipo romano serifado, cujas serifas nunca pretenderam ser ornamentais. E de modo algum a assimetria é melhor do que a simetria; é só diferente. Ambos os arranjos podem ser bons.

A Nova Tipografia deixou sua marca em muitos novos, e nem sempre melhores, tipos sem-serifa. Só muito mais tarde chegou à Inglaterra, à Itália e aos Estados Unidos. Na Inglaterra foi raramente compreendida e não teve maior importância, muito embora a tipografia inglesa comum da época precisasse, e muito, de uma limpeza completa, como acontecera com a alemã. Na Itália, e principalmente nos Estados Unidos, porém, a Nova Tipografia encontrou discípulos inteligentes e imaginativos. Na Alemanha, onde, aliás, cedo teria morrido de morte natural, o movimento foi estrangulado em 1933.

Na época, as fundições produziram um grande número de novas fontes sem-serifa e, durante algum tempo, nenhum outro tipo era visível. A experimentação tipográfica continuou parcialmente fecunda. Raramente, no entanto, realizamos muita coisa num único golpe de sorte, e mesmo uma pequena melhora da tipografia completa não pode ser alcançada numa década. Diz um provérbio chinês: *A constância no trabalho produz uma bela obra.*

Além dos muitos tipos sem-serifa, outros caracteres criados na época nem sempre seguiram os ditames da moda, e alguns poderão sobreviver por algum tempo. Entre as fontes para composição manual, as desenvolvidas por Emil Rudolf Weiss constituem provavelmente a contribuição mais valiosa para a tipografia da terceira década do século XX. Entre as fontes elaboradas para os vários sistemas de composição mecânica, aquelas que seguiram o padrão clássico reterão seu mérito: por exemplo, o romano e o Fraktur de Walbaum. Há muitos novos clichês de velhas escritas, que foram reproduzidos, com maior ou menor fidelidade, de antigos impressos. Hoje prevalece a percepção de que as únicas escritas realmente boas são as que permaneceram próximas das principais encarnações dos padrões clássicos, tal como nos foram legados.

É nossa tarefa selecionar dentre esses principais representantes da escrita clássica e suas variações coetâneas um número razoável e, de preferência, pequeno. Muitos tipos modernos não passam de desvios desfigurados de velhas fontes. Para distinguir entre formas boas e defeituosas é imprescindível um olho muito bem treinado. Só a interminável contemplação do mais excelente material impresso do passado nos capacita a julgar.

Um bom exemplo de impresso deve ter um desenho nobre e ser agradável ao olho. Além disso, não precisa atrair atenção especial. Elementos pesados e leves devem mostrar proporções regulares. Letras com descendentes não têm de ser encurtadas, e a distância média entre duas letras não precisa ser exorbitantemente comprimida. O espacejamento apertado das letras deformou muitos textos modernos e também numerosas reproduções de tipos mais antigos, cujo material originário está agora perdido.

Toda oficina deve contar com pelo menos um representante do romano antigo, completo, com o grifo, em todos os tamanhos, do corpo 6 para cima, inclusive o corpo 9 e o 14, e até o 72. Além disso, deve haver um bom Fraktur, também em todos os tamanhos, no mínimo até o corpo 36. Parece-me que um romano moderno (Bodoni, por exemplo) é um requisito menos urgente do que um dos estilos surgidos durante o período de transição (Baskerville, por exemplo) – mas não há oposição ao romano de Walbaum, que considero superior ao Bodoni, já que é mais comedido. Um bom caractere de serifa grossa, assim como um bom sem-serifa, é provavelmente necessário. Entretanto, quando se faz uma seleção, convém ter em mente as fontes já disponíveis a fim de evitar misturas intrinsecamente discordantes.

A precondição para um trabalho satisfatoriamente acabado e para uma agradável legibilidade é a correta composição de cada linha. Na maioria dos países, quase sempre a composição é demasiado aberta. Este defeito é herança do século XIX, cuja escrita leve, fina e pontuda quase exigia um espacejamento de palavras em meio-quadratim. Nossa própria escrita, um pouco mais vigorosa, perde seu alinhamento quando se adota esse espacejamento largo. Espacejamento de palavras de um terço de quadratim, ou até mais comprimido, deve ser adotado como norma, incondicionalmente, e não somente em livros. A menos que o trabalho contenha orações extraordinariamente longas, é também desnecessário aumentar o espaço depois de um ponto final.

É preciso dar aos inícios de parágrafos um recuo, ou seja, um claro de abertura. Parágrafos sem esse recuo (infelizmente a regra na Alemanha, e só lá) são um mau hábito a ser eliminado. O claro – geralmente um quadratim – é o único meio seguro de indicar um parágrafo. O olho, ao alcançar o final de uma linha, está inerte demais para reconhecer uma saída apertada – e em trabalhos sem esses recuos, mesmo isso tem freqüentemente de ser produzido como uma reflexão tardia, suscitada por uma "última" linha cheia. Em ordem de importância, vêm em primeiro lugar legibilidade e clareza; um contorno uniforme da página composta é de menor importância. Portanto, composição tipográfica sem recuos de abertura nos inícios de parágrafos tem de ser rejeitada como erro.

No Fraktur, utiliza-se o interespacejamento para realçar palavras em relação às suas vizinhas. Anteriormente, utilizava-se também um tipo diferente, Schwabacher, por exemplo, ou um corpo maior do Fraktur. Erroneamente levados pela composição em Fraktur, alguns compositores alemães empregam, para efeito de ênfase, o interespacejamento, mesmo em caixa-baixa, do romano, em vez de compor a palavra em grifo. Não é correto interespacejar na caixa-baixa do romano. O realce em texto composto em romano obtém-se com o grifo. Outra maneira de destacar palavras é recorrer a versaletes, algo que falta no Fraktur. Versaletes são superiores às letras em meio-preto largamente usadas na área de língua alemã, onde os versaletes são quase desconhecidos. Quando se fazem necessários, o jeito é apelar para o expediente de usar um corpo menor de maiúsculas. É bastante desejável, portanto, que se estimule o emprego geral de versaletes. De mais a mais, as melhores fontes para composição mecânica e as fontes mais importantes para composição manual devem ser enriquecidas com seus próprios versaletes.

Deve-se ter como norma nunca, em nenhuma circunstância, interespacejar palavras em caixa-baixa. A única exceção é no caso de composição uniforme em Fraktur. Todo interespacejamento degrada a legibilidade e a imagem harmoniosa da palavra. O fato de tantas vezes ocorrer interespacejamento em folhas de rosto, impressos publicitários e tipos fantasia remonta à época dos autores clássicos alemães, período que não é exatamente famoso pela excelência de sua tipografia. Embora o espaçamento em Fraktur seja tolerável quando ditado pela necessidade, em romano e em grifo se torna um repulsivo disparate. Além disso, a composição espacejada é duas vezes mais dispendiosa.

Por outro lado, as maiúsculas romanas devem sempre e em todas as circunstâncias ser interespacejadas, usando-se um mínimo de um sexto de seu corpo. Este número, porém, não é mais do que um guia geral, pois os espaços entre elas precisam equilibrar-se entre si de acordo com seus valores ópticos. Deve ser óbvio por si só que o espacejamento entre palavras compostas inteiramente em caixa-alta tem de ser maior do que aquele entre palavras compostas em caixa-baixa. Mas com freqüência se vê espacejamento de palavra que é igual, *i. e.*, estreito demais ou largo demais. O interespacejamento deve ser evidente, mas não desnecessariamente indiscreto.

Aquilo que chamamos estilo tipográfico é determinado, em primeiro lugar, por nossa maneira de viver e por nossas condições de trabalho. Por exemplo, não estamos mais numa posição que nos permita produzir as ricas e multicoloridas margens e fundos, tão comuns no século xix. Sairiam caros demais. E é provável que não haja mais ninguém capaz de executá-los. Além disso, nosso tempo é curto e temos de encontrar um meio mais fácil. Se é complicado demais, não pode ser moderno.

Hoje, mais ainda do que antes, a simplicidade é marca de nobreza em qualquer coisa que lembre uma obra-prima. Se tivéssemos oportunidade de observar um verdadeiro mestre em ação, talvez tenhamos ficado maravilhados com a rapidez e a facilidade com que tudo é feito. Parecia que ele "tirava tudo da manga da camisa". É coisa de aprendiz tentar primeiro isto, depois aquilo.

Devo dizer a mesma coisa a respeito dos tipos que os tipógrafos utilizam porque sem tais tipos, e sem saber por que e como são usados, nenhuma obra respeitável pode ser produzida. O manuseio hesitante de toda sorte de tipos resulta em desperdício de tempo e encarecimento do trabalho. Esta preocupação é válida também quando o projeto e a execução do trabalho são feitos por pessoas diferentes. É duvidoso que um artista gráfico que não sabe também compor seja capaz de conceber um bom e útil projeto tipográfico. Planejamento e execução têm que andar de mãos dadas.

Se uma editora contrata um designer, ele tem de estar inteiramente familiarizado com as possibilidades específicas intrínsecas dos caracteres disponíveis; e tem de saber o que é simples de fazer e o que é difícil. E somente se o esboço de leiaute do designer for impecável, a composição será exatamente o que ele teve em mente. Um desenhista comum, que não conheça intimamente o valor singular do preto-e-branco do tipo e não saiba tocar com perfeição o instrumento da tipografia, terminará sempre surpreendido e decepcionado. Por sua vez, mesmo um compositor mediano estará apto a executar com facilidade e rapidez um bom leiaute, que não precisa ser totalmente claro nem inteligível para um leigo. É provável que, se necessário, um mestre componha até sem um croqui; mas, por via das dúvidas, faria um croqui, sim, no mínimo para não ter de recompor uma só palavra. Um mestre evita todo gesto desnecessário.

Há trabalhos que exigem mais do que o consumo habitual de tempo no projeto e/ou na execução. Esses serão sempre a exceção. Talvez uma hora de design seja mais cara do que uma hora de composição, mas mesmo três desenhos meticulosos ainda são mais baratos do que três versões completas de composição tipográfica.

Acima de tudo, o design deve emanar do espírito da tipografia em vez de tentar emular ou ultrapassar os efeitos de outras técnicas gráficas, como a litografia ou o desenho. A tipografia é uma arte em si mesma e diferente de ambas. Há dois célebres catálogos de tipos, ambos verdadeiros monumentos da arte tipográfica. O primeiro é bem e largamente conhecido, ao menos de nome: o *Manuale Tipografico* de Giambattista Bodoni (Parma, 1818). Só algumas pessoas conhecem de fato o outro, ainda que técnica e artisticamente seja muito mais espantoso. Refiro-me ao *Spécimen-Album*, de Charles Derriey (Paris, 1862). Foi composto e impresso em centenas de cores brilhantes, escritas inumeráveis e incontáveis ornamentos, tudo feito com bom gosto e executado com inexcedível exatidão no registro das muitas formas vívidas. Um impressor ou um designer poderia admirar a obra, mas isto não é verdadeira tipografia. É, antes, a enganosa imitação de efeitos litográficos usando de tipografia, uma falsa vitória da tipografia sobre a litografia. Os remanescentes daquelas tentativas equivocadas abrangem as fontes cursivas inglesas extremamente sensíveis que ainda podem ser encontradas em nossos caixotins. Imitam a litografia e, por essa razão, não são boas fontes para livros. Os bons tipos para livros são sólidos. Tipos de letras finíssimas e, o que é pior, escritas ligadas não são tipográficos.

A boa tipografia tem uma estrutura simples. A linha centrada é um componente estrutural específico e, na verdade, muito importante da boa tipografia. Esse padrão é tão moderno hoje como em qualquer época. Um autor, mesmo quando usa a máquina de escrever, não gosta de centrar os títulos, porque dá trabalho fazê-lo. Só em tipografia este arranjo faz sentido. Centrar linhas com peso e corpo de tipo diferentes, uma debaixo da outra, é ao mesmo tempo o melhor e o mais simples método tipográfico, porque o espacejamento das linhas pode ser modificado fácil e prontamente dentro da galé. Muito da arte esconde-se no espacejamento das linhas. Linhas postas verticalmente não são somente difíceis de ler mas também tecnicamente inferiores, porque é complicado movê-las no interior da galé (para não mencionar a composição oblíqua, que é positivamente contra a natureza da boa composição). Claro que se pode trabalhar com gesso, mas isso não é tipografia.

A boa tipografia é econômica tanto em questão de tempo como de recursos. Quem sabe compor um livro normal, excetuadas as páginas de títulos, usando uma única família inclusive grifo, conhece seu ofício. Quem enche três galés para um pequeno anúncio ou um simples título ainda tem muito que aprender. Mas quem acha que é capaz de compor um título usando um tipo do mesmo corpo não deve pensar que descobriu a pedra filosofal. Confunde sua própria comodidade com a do leitor e desconsidera o fato de que todo trabalho inclui elementos de maior e menor importância.

O que fazemos, e como o fazemos, deve nascer sempre de óbvia necessidade. Se não reconhecemos nem sentimos essa necessidade, alguma coisa está errada. Na arena do bom gosto, a dança do ovo* pode parecer engraçada por algum tempo, mas os resultados não serão duradouros. Um compositor tem de ser um mestre do ofício e não um palhaço com uma brincadeira nova para cada novo dia.

A discussão acerca de simetria e assimetria é inútil. Cada uma tem áreas próprias e probabilidades especiais. Não acreditem, porém, que a composição assimétrica seja mais moderna ou mesmo decididamente melhor apenas porque é mais recente. Até no melhor dos casos, a assimetria não é de modo algum mais simples ou mais fácil de realizar do que a simetria, e torcer o nariz para a composição simétrica porque parece antiquada é simplesmente um sinal de maturidade limitada. Um catálogo composto assimetricamente pode demonstrar ordem militar. Num livro assim composto, o fluxo da leitura pode se romper. Títulos assimétricos podem ser melhores do que os simétricos, mas pequenos anúncios assimétricos parecem horríveis quando combinados numa página. Em tipografia nem o velho estilo nem um novo estilo têm importância; a qualidade é o que importa.

* No original, *egg dance*. Na Inglaterra vitoriana, um tipo de brincadeira de quermesse que consistia em mover um ovo sem usar as mãos, de um local para outro, sem quebrá-lo. – N. da R.

A Importância da Tradição na Tipografia*

Muitos edifícios e objetos do dia-a-dia são documentos inconfundíveis do presente. Com a mudança dos métodos de construção, mudou também a arquitetura. Com a mudança dos materiais e dos métodos de produção, mudou também a forma da maioria das ferramentas e dos utensílios. Nessas áreas a tradição perdeu o sentido; os edifícios de hoje e muitas das coisas que utilizamos diariamente não têm tradição além do curto período de algumas décadas.

Entretanto, os elementos e a forma de um livro e de muitos outros materiais impressos têm suas raízes evidentemente no passado, mesmo quando a produção massiva determina a impressão de milhões de exemplares. A forma latina da palavra escrita liga irrevogavelmente a educação e a cultura de cada ser humano ao passado, tenha ele consciência disso ou não. Que temos de agradecer à Renascença pelos caracteres de impressão de hoje – na realidade os próprios tipos hoje usados são muitas vezes tipos renascentistas – é ou desconhecido ou sem importância para a maioria das pessoas. O homem médio aceita as letras como símbolos comuns e dados de comunicação.

* Este ensaio foi apresentado como conferência pelo autor no segundo centenário da Hochschule für Graphik und Buchkunst, Leipzig, 9 de outubro de 1964. – JT

A FORMA DO LIVRO

Toda tipografia implica tradição e convenções. *Traditio* deriva do latim *trado*, eu transmito. Tradição significa transmissão, entrega, legado, educação, orientação. Convenção provém de *convenio*, vir junto, e significa acordo. Uso a palavra *convenção*, e seu derivado *convencional*, somente na acepção original e nunca em sentido pejorativo.

A forma de nossas letras – as antigas caligrafias e inscrições, bem como os clichês em uso hoje em dia – reflete uma convenção que se consolidou lentamente, um acordo retemperado em muitas batalhas. Mesmo depois da Renascença, diversos países europeus conservaram escritas nacionais góticas irregulares em oposição à romana, tipo obrigatório para todo material latino; mas ainda hoje espero que não se tenha dito a última palavra sobre o Fraktur. Afora isso, a minúscula romana tem sido nosso modo de escrever há centenas de anos. O que se seguiu foram apenas variações ao sabor da moda, e aqui e ali deformações da forma nobre básica, mas nenhuma melhoria. Os punções de Claude Garamond, talhados por volta de 1530 em Paris, continuam insuperados em sua clareza, legibilidade e beleza. Garamond entrou em cena numa época em que o livro ocidental, como objeto, jogava fora sua pesada carapaça medieval e assumia a forma que ainda hoje é a melhor: o corpo retangular esguio e vertical, abarcando folhas dobradas alinhavadas ou costuradas no dorso, dentro de uma capa cujas seixas sobressalentes protegem as páginas aparadas.

Durante cerca de cento e cinqüenta anos a forma do livro foi alvo de manipulações as mais variadas. Primeiro, os caracteres usados tornaram-se pontudos e finos; em seguida, ocorreu um deliberado alargamento do corpo, reduzindo-lhe a compacidade. Mais tarde o papel foi alisado a tal

A IMPORTÂNCIA DA TRADIÇÃO NA TIPOGRAFIA

ponto que as fibras, e portanto a durabilidade do livro, começaram a sofrer. Depois vieram as tentativas de reforma de William Morris e seus imitadores na Inglaterra; e, por fim, surgiram os artistas da escrita alemã das três primeiras décadas do século xx, cujos novos caracteres estão agora em grande parte esquecidos.

Por mais interessantes que sejam para o historiador e o colecionador, e não obstante o fato de na época se ter criado aqui e ali alguma coisa válida e até digna de nota, todos esses experimentos tiveram uma única razão de ser: descontentamento com o que existia. Mesmo a tentativa de criar intencionalmente uma coisa nova, ou pelo menos diferente, legitimou-se antes de tudo por essa insatisfação. A falta de prazer no usual, no lugar-comum, acarreta a idéia ilusória de que o diferente pode ser melhor. A gente acha ruim determinada coisa, não consegue descobrir por que, e logo quer fazer algo diferente. Idéias ditas avançadas a respeito de forma e configuração, complexos de inferioridade e novas possibilidades técnicas desempenham um papel, mas são forças mais débeis do que o protesto dos jovens contra os usos e costumes da geração mais velha. Convenhamos, tal protesto contra a forma estabelecida quase sempre tem a sustentá-lo uma boa razão, e o verdadeiramente perfeito é de fato raro! Mas todo protesto será estéril, e realizações baseadas em protesto estarão sujeitas a questionamentos, enquanto o aprendizado for incompleto e a gramática tipográfica não tiver sido estudada por inteiro. Só esta instrução nos fornece os instrumentos para a crítica construtiva, para o discernimento.

O que realmente conta na arte do compositor é o que todo o mundo vê todos os dias: primeiro, o livro de imagens e a cartilha; em seguida, o manual de leitura, o livro escolar, o romance, o jornal, o material impresso de cada dia. E há neles pouquíssima coisa cuja forma nos dê alguma alegria. No entanto, não é mais custoso produzir um bom livro para crianças ou compor realmente bem um romance do que repisar o lugar-comum, o usual. É de fato verdade que alguma coisa está errada em tantas obras impressas. Mas, sem pesquisar metodicamente as causas do erro, sem estar devidamente equipado para tal análise, o indivíduo ingênuo acredita que fazer uma coisa diferente é fazer melhor. E mais: por perto sempre há aqueles que oferecem receitas bem simples como a última palavra em sabedoria. Atualmente é a linha desalinhada à direita, num tipo sem-serifa, e de preferência num só corpo.

A verdadeira razão para as numerosas deficiências em livros e outros impressos é a ausência de tradição, ou sua premeditada dispensa, e o arrogante desdém por toda e qualquer convenção. Se, afinal, podemos ler comodamente qualquer coisa, é exatamente porque respeitamos o que é usual, o lugar-comum. Saber ler implica convenções: há que conhecê-las e considerá-las. Se as convenções são atiradas ao mar, aumenta o perigo de que o texto se torne ilegível. A propósito: os manuscritos incomparavelmente belos da Idade Média são mais difíceis de ler do que nossos próprios livros, mesmo quando se tem um bom conhecimento de latim, porque o formato de seu texto não corresponde aos nossos hábitos; e um livro escrito na Estenografia de Gabelsberger* é hoje totalmente inútil, porque não sabemos mais ler uma única palavra dele. O uso de letras convencionais e de ortografia e estilo convencionais são pré-requisitos incondicio-

---

* O sistema de taquigrafia de Franz Xavier Gabelsberger, publicado na Alemanha em 1841. – RB

A IMPORTÂNCIA DA TRADIÇÃO NA TIPOGRAFIA

nais de tipografia compreensível, *i.e.*, útil. Quem não presta atenção nesta regra comete uma ofensa contra o leitor.

Esta verdade nos obriga a olhar em primeiro lugar para a forma de cada letra. A história do desenho de tipos abarca milhares de alfabetos diferentes, de qualidades diversas, que têm origem no romano humanista, na minúscula renascentista, na forma final cristalizada de nossa escrita. A beleza formal é apenas um critério, nem sempre o mais importante. Além de um ritmo indispensável, é uma forma distinta, clara e inconfundível o que mais importa: a relação correta, extremamente sensível, para assimilar e distinguir cada letra em si. É a similaridade de todas as letras, mas ao mesmo tempo a nitidez de cada símbolo individual, que gera a perfeita legibilidade. A forma irretocável de nossas letras é, como já mencionamos, obra do grande gravador de letras Garamond. Durante um quarto de milênio, o seu foi o único romano da Europa, se desconsiderarmos as inúmeras imitações. Podemos ler velhos livros da época tão confortavelmente como o faziam nossos antepassados, e com mais facilidade até do que boa parte do material que nos é oferecido hoje em dia. Isto é assim, apesar do fato de nem todos os velhos livros terem sido compostos com o requintado esmero exigido pelo especialista de hoje. Papel áspero e uma técnica de impressão nem sempre irrepreensível escondem as imperfeições. A boa composição é cheia. O interespaçamento generoso é difícil de ler porque os intervalos perturbam a ligação interna da linha e, assim, põem em perigo a compreensão do pensamento. O espaçamento consistente da linha é fácil de conseguir com as máquinas compositoras de hoje. Todo livro impresso antes de 1770 mostra como um compositor sabia trabalhar corretamente com o espacejamento de tipo e de linha. A idéia de uma "edição limitada", o livro do bibliófilo, era praticamente desconhecida. De modo geral, a qualidade é uniforme e alta. É tão fácil hoje encontrar um livro feio (pegue o primeiro que estiver à mão) como é difícil descobrir um velho livro verdadeiramente feio de antes de 1770.

Numa busca patológica por coisas diferentes, as proporções racionais do tamanho do papel, como tantas outras qualidades, foram banidas por alguns em prejuízo do leitor solitário e indefeso. Houve um tempo em que os desvios no tocante às belas proporções das páginas 2:3, 1:$\sqrt{3}$ e à Seção Áurea eram raros. Muitos livros produzidos entre 1550 e 1770 mostram essas proporções com milimétrica exatidão.

Para aprender esta lição, é necessário compulsar meticulosamente velhos livros. Infelizmente quase ninguém mais faz isso, embora os benefícios desse estudo sejam incomensuráveis. As escolas de tipografia, em cooperação com bibliotecas de livros antigos, precisam tomar duas iniciativas: em primeiro lugar, uma inspeção detalhada dos velhos livros e, em segundo lugar, como reforço desse trabalho, exposições permanentes e renováveis desses antigos tesouros. Um olhar superficial de admiração para um belo conjunto de páginas ou de folhas de rosto não é suficiente. Há que tocar nesses livros e estudar cuidadosamente sua estrutura tipográfica página por página. Mesmo velhos livros cujo conteúdo não é mais relevante podem servir a este propósito. É verdade, nascemos com nossos olhos, mas só lentamente eles se abrem para a beleza, muito mais lentamente do que se pensa. Tampouco é simples encontrar uma pessoa capacitada a quem se pode pedir orientação. Com freqüência falta uma experiência educacional mais abrangente, mesmo num professor.

A IMPORTÂNCIA DA TRADIÇÃO NA TIPOGRAFIA

Por volta de 1930, um professor de belas-artes sentia-se ultrajado pelo fato de se esperar que um tipógrafo estivesse a par da história da escrita dos últimos dois mil anos. Aliás, as exigências naqueles dias eram mais moderadas do que são hoje. Mas se fôssemos desprezar totalmente esses padrões, regressaríamos à barbárie. Quem não entende mais o que está fazendo não passa de um mero ressoador.

Entre livros antigos também não encontramos os formatos desarrazoados que nos são amiúde impingidos hoje como obras da arte do fabricante de livro. Os grandes formatos realmente existem, mas sempre por algum bom motivo – nunca fruto de vaidade ou ganância mas sempre de necessidade plausível. Volumes enormes, que parecem tampos de mesa, semelhantes aos pomposos horrores de hoje e impróprios para a leitura, eram ocasionalmente produzidos para os reis, mas eram as mais raras das exceções. O formato razoável dos velhos livros é exemplar.

Um olhar penetrante nos livros da Renascença, a idade de ouro da impressão de livros, e do barroco nos ensinará mais sobre a organização racional de um livro. Quase sempre tal livro é mais fácil de ler do que muitos volumes de hoje. Vemos uma composição maravilhosamente homogênea, claramente estruturada em parágafos (mais longos naquele tempo), que sempre começam com um recuo de um quadratim. No início, marcar dessa maneira cesuras *romanas* ou parágrafos foi uma descoberta acidental, mas é o único método bom. Vem sendo usado há centenas de anos até esta data. Agora algumas pessoas crêem que o método não é mais moderno e iniciam seus parágrafos abruptamente, alinhados à esquerda. Isto é simplesmente errado, pois elimina a quintessência de uma estrutura, que deve ser reconhecível no lado esquerdo da mancha tipográfica. O recuo de um quadratim é um dos legados mais preciosos da história tipográfica.

Além disso, vemos os começos de capítulos realçados por letras capitulares, por grandes iniciais. Estas, embora sejam também ornamentos, servem antes de tudo para distinguir importantes pontos de partida. Hoje estão quase desacreditadas, mas devem ser usadas novamente, pelo menos na forma de capitulares sem decoração. Abandonar o uso dessas letras iniciais não nos isenta da necessidade de marcar eficazmente a abertura de um novo capítulo, talvez compondo a primeira palavra em versal-versalete, de preferência sem o recuo de entrada. Este, de qualquer modo, é dispensável quando o título está centrado. Não basta destacar divisões importantes dentro de um capítulo com a simples inserção de uma linha em branco. Quantas vezes não ocorre de a última linha de uma divisão importante ser também a última linha de uma página?! Portanto, no mínimo, a primeira linha da nova divisão deve começar alinhada à esquerda e a primeira palavra ser composta em versal-versalete. Melhor ainda: inserir um asterisco centrado.

A Renascença não conhecia o nosso medo de títulos avantajados, tão comum hoje em dia. Quase sempre esses títulos gigantescos são compostos não em caixa-alta mas em caixa-baixa, costume digno de imitação. Com medo de fazer alguma coisa errada, a pessoa fica tímida demais ao escolher o corpo dos tipos para as linhas principais de uma folha de rosto. Por outro lado, os emblemas ou logos dos editores são hoje em sua maioria pequenos e não permitem um equilíbrio adequado se as linhas superiores precisam ser realmente grandes.

Em especial, um livro da Renascença pode nos ensinar o uso racional do grifo, seja para destacar um trecho do texto, seja como tipo para o prefácio. Pode nos ensinar ainda a correta utilização e composição de versaletes, a maneira sensata de usar o recuo de entrada nas linhas sucessivas do sumário, e infinitamente mais.

Depois há a questão de posicionar convincentemente a mancha na página. A praxe renascentista não é de modo algum antiquada e, além do mais, é impossível melhorá-la. Há que aplaudir ainda a bem resolvida compacidade do livro acabado, a harmoniosa combinação da tinta de impressão com o papel natural (que não é o branco ofuscante).

Muito embora se relacione com o sentido de ordem que predominava durante a Renascença, o antigo sistema de composição centrada é eterno. Depois de intertítulos primários e secundários centrados, podemos deslocar os intertítulos da última ordem para a esquerda. Certamente este método é mais rico e mais útil do que um sistema que abandona toda centralização e tenta destacar intertítulos com caracteres meio-pretos.

A tipografia dos livros antigos é um legado precioso, digno de continuação. Seria impertinente e absurdo alterar drasticamente a forma do livro europeu. O que se mostrou prático e correto ao longo de séculos, como o recuo de um quadratim, deverá ser substituído por uma chamada "tipografia experimental"? Somente melhoramentos indiscutíveis fazem sentido. Experimentos reais e verdadeiros têm um propósito: servem à pesquisa, são os meios de descobrir a verdade e redundam em evidências e provas. Em si mesmos, experimentos não são arte. Desperdiçam-se quantidades infinitas de energia porque todo o mundo acha que tem de seguir caminho próprio ao invés de tratar de saber o que já foi feito. É duvidoso que alguém que não quer ser aprendiz chegue um dia a tornar-se mestre. Respeitar a tradição nada tem a ver com historicismo. Todo historicismo está morto. Mas o melhor talhe de letras do passado continua vivo. Dois ou três velhos desenhos apenas aguardam a hora da ressurreição.

Tipografia é arte e ciência. O conhecimento aparente, baseado no que foi transmitido de um estudante para o seguinte, como cópias de cópias de edições defeituosas sucessivas (em vez do estudo imediato dos originais), não produz nada que valha a pena. Ainda que a tipografia esteja intimamente ligada ao maquinário técnico, a técnica sozinha não cria arte.

A tradição de que estou falando aqui não se baseia no trabalho da geração imediatamente anterior, muito embora sejam quase sempre congruentes. Temos de retornar às tradições do livro renascentista e barroco, estudar os originais e enchê-los de nova vida. Só aqui se acha o tipômetro com que devemos julgar metodicamente livros defeituosos. Experimentos que visam a criar algo "diferente" podem ser fascinantes e divertidos, pelo menos para quem os realiza. Mas uma tradição duradoura não brota de experimentos. Isto só pode ser proporcionado pelo legado da verdadeira mestria.

*Ars typographica Lipsiensis vivat et floreat!**

---

* "Que viva e floresça a arte tipográfica de Leipzig!" – N. da R.

Tipografia Simétrica ou Assimétrica?

A PERGUNTA, feita dessa forma, exige explicação imediata. A palavra simétrica pode não ser usada quando falamos de um arranjo tipográfico, porque uma coisa só é simétrica se uma metade é a imagem especular da outra metade. Originalmente, a palavra significava equilíbrio em geral. Com o tempo, o significado estreitou-se até chegar ao já mencionado. Coisas rigorosamente simétricas não têm de ser necessariamente feias, mas raramente são belas. Basta lembrar uma velha cômoda com um buraco de fechadura verdadeiro à direita e um falso do lado esquerdo; houve uma época em que se teria sentido falta do falso buraco.

Como a metade esquerda de um título centralizado, ou mesmo de uma única linha, não é a imagem especular da metade direita, a composição inteira não é simétrica no sentido mais estrito. Não existe essa coisa de tipografia simétrica. Quando as linhas estão justificadas em relação ao meio, devemos chamar a isso tipografia centralizada. Sem mencionar que não há essa coisa de eixo central, e tampouco, portanto, *tipografia de eixo central*. A expressão *eixo central* é uma tautologia. Um eixo é sempre o pivô daquilo que gira à sua volta, mesmo que a própria estrutura não seja simétrica.

Uma moldura em torno de um texto composto é simétrica em geral, mas é um acréscimo que não precisa ser analisado aqui.

Incontáveis formas naturais parecem simétricas: a forma humana, o animal, uma semente e um ovo. Outras se desenvolvem em direção a uma simetria geral: uma árvore isolada, por exemplo. A aparência simétrica de um ser humano reflete-se na forma simétrica de um livro e até na folha de rosto de um livro, onde as linhas tenham sido centradas. Da mesma maneira, a arquitetura simétrica da Renascença é uma resposta à aparência simétrica do homem. Em si mesmo, um arranjo simétrico nem é a marca de um determinado estilo nem a expressão da sociedade, mas, sim, uma forma que cresceu quase naturalmente, uma forma que estava por aí o tempo todo e nas mais diversas sociedades. É um esforço visível em direção à ordem, em direção a um centro; é disso que dá testemunho.

O que é que faz com que tantas formas simétricas e quase simétricas pareçam belas a nossos olhos?

Vazio, um parque rococó, com sua milimétrica regularidade, é insuportavelmente artificial e monótono. Ponhamos um ser humano ou um casal a passear por ele e o contraste entre rigidez geométrica e movimento vivo desperta-o para a vida e torna o todo muito agradável.

Visto de fora, um ser humano parece simétrico, mas as duas metades do rosto nunca são realmente simétricas; na maioria das vezes são bem diferentes. Esta diferença é, no mínimo, expressiva e, às vezes, a causa real da beleza. Um seixo nos dá prazer quando rola feito uma bola. Expressão e vida significam movimento. A simetria imóvel não comporta tensão e nos deixa frios.

Uma moldura profusamente adornada de um quadro barroco, ou qualquer outra armação ornamental simetricamente estruturada que parece bela a nossos olhos, pode alcançar esse efeito apenas porque o movimento inerente

TIPOGRAFIA SIMÉTRICA OU ASSIMÉTRICA?

à ornamentação perturba o quadro, sob outros aspectos, estático.

Na realidade, a perturbação da simetria perfeita é um dos pré-requisitos da beleza. Qualquer coisa não inteiramente simétrica é muito mais bela do que a simetria perfeita. Em arte, um nu jamais é retratado em estado de alerta, mas preferivelmente numa posição dissimétrica; esse desarranjo da simetria é indispensável.

Do mesmo modo, uma página de rosto quase simétrica é bela e cheia de expressão graças à tensão subconscientemente percebida entre as imagens e as linhas de palavras assimétricas e o desejo de envolver esses elementos e ligá-los a uma ordem simétrica. Por outro lado, o aparecimento de letras perfeitamente simétricas e estáticas como A H M T V na tipografia de uma página que, exceto nisso, está dinamicamente organizada, proporciona uma agradável força retardadora.

Mesmo uma flutuação entre simetria aparente e ordem dinâmica pode às vezes ser gratificante numa revista, por exemplo; mas, para chegar a isso, é necessária uma grande dose de convicção abalizada. Não há receita para a produção automática de arte. Exemplos recentes vindos do mercado da publicidade demonstram que uma tipografia naturalmente centrada pode ser alvo de abusos e forçada a tomar atitudes de vaidade, que são estranhas ao ofício. O resultado não é mais do que uma moda passageira.

A tipografia é serva, não senhora; o gesto correto é invariavelmente definido pela conveniência. É portanto coerente, e quase sempre aconselhável, começar um livro com uma folha de rosto centrada e posicionar os títulos dos capítulos também no meio. Os intertítulos podem então ser deslocados para a esquerda.

Como podemos ver, não há disparidade real entre a tipografia aparentemente simétrica e a modalidade descentrada. Em vez disso, o que temos é um amplo leque de tentativas que resultam numa tipografia em que predomina ou uma composição centrada ou uma dinâmica. Esses arranjos e todas as suas variedades podem ser adequados à obra que se está projetando, ou não. Podemos apenas esperar que em cada caso os resultados sejam belos.

Correlação Coerente entre Página de Livro e Mancha Tipográfica

DUAS CONSTANTES dominam as proporções de um livro bem feito: a mão e o olho. Um olho sadio está sempre a mais ou menos dois palmos da página do livro, e todas as pessoas seguram um livro do mesmo jeito.

O formato de um livro é determinado por sua finalidade. Relaciona-se com o tamanho médio das mãos de um adulto. Os livros infantis não devem ser produzidos em tamanho in-fólio porque esse formato não é cômodo para uma criança. É de se esperar um alto grau ou ao menos um grau suficiente de comodidade: um livro do tamanho de uma mesa é um absurdo, livros do tamanho de selos postais são inutilidades. Do mesmo modo, livros muito pesados não são bem-vindos; pessoas idosas talvez não possam levá-los de um lugar para outro sem ajuda. Os gigantes teriam de contar com livros e jornais maiores; muitos dos nossos livros seriam grandes demais para os anões.

Há duas categorias principais de livros: os que pomos em cima de uma mesa para estudo sério e os que lemos reclinados numa cadeira, numa poltrona, ou enquanto viajamos de trem. Os livros em que estudamos devem ficar inclinados diante de nós. Poucos, porém, ficam nesta posição. Curvar-se sobre um livro é tão pouco saudável quanto a habitual posição de escrever imposta por uma mesa plana. O escriba da Idade Média usava uma escrivaninha;

dificilmente ousamos chamá-la assim hoje porque a inclinação era bem acentuada (até 65°). O pergaminho era mantido no lugar por um cordão que o atravessava e podia ser impulsionado para cima pouco a pouco. A linha enfocada, sempre horizontal, estava à altura do olho, e o escriba sentava-se perfeitamente aprumado. Até a virada do século, clérigos e funcionários públicos costumavam escrever de pé, atrás de uma pequena escrivaninha: postura saudável e racional que, infelizmente, tornou-se rara.

A posição de leitura nada tem a ver com o tamanho e a dimensão dos livros escolares. Os formatos desses variam do grande in-oitavo ao grande in-quarto. Formatos ainda maiores são exceção. Livros escolares e de mesinha de centro ficam numa estante. Não podem ser lidos à vontade.

Os livros que gostamos de ter nas mãos quando lemos ostentam os formatos mais variados, todos baseados no in-oitavo. Mesmo os livros menores podem ser perfeitos desde que sejam finos; sem esforço, podem passar horas numa só mão.

Só durante o culto na igreja vemos alguém ler num livro levantado: os olhos do leitor podem estar a um braço de distância das letras do texto. A página de um livro comum está a apenas a um antebraço de distância do olho do leitor. Falamos aqui exclusivamente de livros profanos; nem todas as considerações e regras expostas a seguir aplicam-se também aos livros sagrados.

As páginas dos livros obedecem a muitas proporções, *i.e.*, relações entre largura e altura. Todo mundo conhece, pelo menos de ouvir dizer, a proporção da Seção Áurea, exatamente 1:1,618. Uma relação de 5:8 não é mais do que uma aproximação da Seção Áurea. Seria difícil sustentar a mesma opinião a respeito de uma relação de 2:3. Além das

CORRELAÇÃO COERENTE ENTRE PÁGINA...

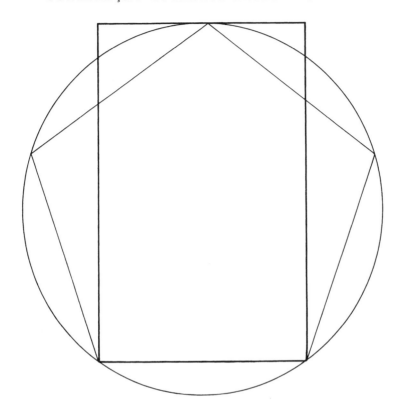

*Figura 1. Retângulo derivado de um pentágono.
Proporção 1:1,538 (irracional).*

relações de 1:1,618, 5:8 e 2:3, usam-se para livros as relações de 1:1,732 (1: √3) e 1:1,414 (1: √2) (ver figura 18).

A figura 1 mostra um belíssimo retângulo, quase desconhecido, derivado do pentágono (proporção 1:1,538).

Considero claras, intencionais e definidas as proporções de páginas irracionais geometricamente definíveis como 1:1,618 (Seção Áurea), 1:√2, 1:√3, 1:√5, 1:1,538 (figura 1), e as simples proporções racionais de 1:2, 2:3, 5:8 e 5:9. Todas as outras são relações obscuras e acidentais. A diferença entre uma relação clara e uma obscura, ainda que freqüentemente pequena, é visível.

Muitos livros mostram proporções acidentais, mas não claras. Não sabemos por que, mas podemos demonstrar que um ser humano acha os planos de proporções definidas e intencionais mais agradáveis ou mais belos do que os de proporções acidentais. Um formato feio dá origem a um livro feio. Desde que a utilidade e a beleza de todo material impresso, seja livro ou folheto, dependem em última instância da relação da página, decorrente do tamanho do papel usado, quem pretende fazer um livro belo e agradável precisa primeiro determinar um formato de proporções definidas.

Contudo, uma única relação definida como 2:3, 1:1,414 ou 3:4 não é adequada a todos os tipos de livros. Mais uma vez, é a finalidade que determina não só o tamanho do livro mas também as proporções das páginas. A ampla relação de 3:4 é bastante apropriada para livros no formato in-quarto, pois eles ficam em cima de uma mesa. A mesma proporção de 3:4 tornaria um livrinho de bolso incômodo e desajeitado; mesmo que não fosse especialmente pesado, só poderíamos tê-lo numa das mãos por pouco tempo e, de qualquer modo, as duas metades do livro sempre se abririam ao cair: tal livro é excessivamente largo. O mesmo se aplica a livros no formato A5 (14,8 × 21cm, 5⅞ × 8¼ pol., 1:√2), infelizmente não tão raros. Um livro pequeno tem de ser estreito se queremos manuseá-lo com facilidade. Uma relação de 3:4 não seria apropriada; é melhor uma destas proporções: 1:1,732 (muito estreito), 3:5, 1:1,618, ou 2:3.

Livros pequenos têm de ser estreitos; livros grandes podem ser largos. Os pequenos seguramos numa só mão; os livros grandes ficam em cima da mesa. As antigas folhas de papel, todas no formato de cerca de 3:4, quando dobradas geram relações de 2:3 e 3:4 em seqüência; o quarto de folha é o in-quarto ou 3:4, o oitavo é o in-oitavo ou 2:3. As duas principais proporções de 2:3 (in-oitavo) e 3:4 (in-quarto) formam um casal sensato, como marido e mulher. A tentativa de afastá-las com o auxílio de formatos ditos normais, que utilizam a relação híbrida de $1:\sqrt{2}$, vai contra a natureza, como o desejo de cancelar a polaridade dos sexos.

Os novos formatos DIN de folha evitam a alternância de relações 3:4 / 2:3 / 3:4 / 2:3 e retêm sua proporção original quando reduzidos à metade. Esta relação é 1:1,414. Folhas de impressão que, em virtude de sua fibra, são adequadas ao in-quarto, não podem ser usadas para livros in-oitavo, porque a fibra correria na direção errada. Nem podem ser empregadas para livros in-dezesseis (1 folha de impressão = 16 folhas ou 32 páginas) porque o caderno seria grosso demais. Segue-se que nos daríamos igualmente bem sem a proporção de 1:1,414 (ver as figuras 2 e 3).

O formato A4 (21 × 29,7 cm; 8¼ × 11¾ pol.) é apropriado para composição de revistas em duas colunas, para as quais até o A5 (14,8 × 21 cm; 5⅞ × 8¼ pol.) pode se prestar; a composição em uma só coluna, por outro lado, é raramente satisfatória em qualquer dos dois formatos. Além disso, o A5 é desagradável quando levado na mão, porque é largo demais, pesado demais e deselegante. A proporção de 1:1,414 já existiu antes, durante a Alta Idade Média, quando muitos livros eram escritos em duas colunas. Gutenberg, porém, preferia para a página a proporção de 2:3. Durante a Renascença, raramente encontramos a relação de 1:1,414. Por outro lado, localizamos numerosos volumes definitivamente estreitos, de grande elegância, que devem ser nossos modelos.

A FORMA DO LIVRO

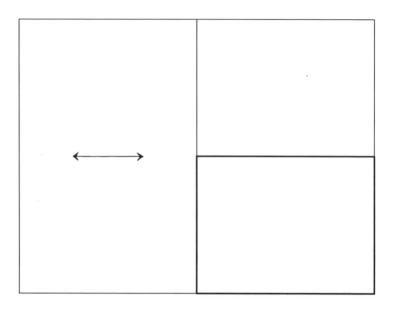

Figura 2. Formato in-quarto, mostrando a direção da fibra.

Com exceção do *Codex Sinaiticus* em quatro colunas, existente no Museu Britânico, um dos livros mais antigos do mundo, houve poucos livros quadrados. Não há necessidade deles. Como livros escolares, são de pequena altura e de largura incômoda; quando levados na mão, são pesadões e mais desajeitados do que qualquer outro formato. Durante a era Biedermeier, época dada ao sossego e ao conforto, quando a tipografia e a arte de fazer livros começaram a desintegrar-se, o in-quarto quase quadrado e o in-oitavo muito largo não eram formatos incomuns.

Na virada do século, ficou evidente o quanto os livros tinham-se tornado detestáveis durante o período Biedermeier. A mancha era centrada no meio da página e as quatro margens eram da mesma largura. Perdeu-se toda cone-

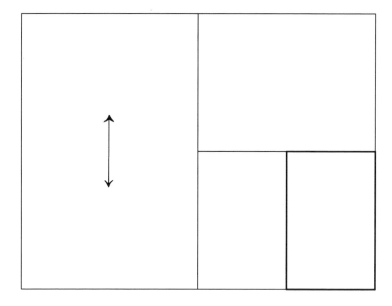

Figura 3. O formato in-oitavo requer a outra direção da fibra.

xão entre os pares de páginas, e elas se desagregaram. O problema da relação entre as quatro margens finalmente se tornara óbvio, e justificadamente. Buscou-se uma solução no uso de valores numéricos.

Mas esses esforços tomaram a direção errada. Somente em certas circunstâncias as margens podem formar uma seqüência racional (exprimível em números simples) como 2:3:4:6 (margem interna para a superior para a dianteira para o pé). Uma progressão de margem de 2:3:4:6 só é possível com uma proporção de folha de papel de 2:3, e o formato da composição tem de seguir o exemplo. Se se estiver usando outra proporção de formato de folha, digamos 1:$\sqrt{2}$, então uma progressão de margem de 2:3:4:6 leva a uma proporção da mancha diferente daquela da proporção da página e, portanto, desarmônica. O segredo de uma página de livro harmoniosa não está necessariamente escondido numa relação entre as quatro margens, exprimível em números simples. Alcança-se a harmonia entre o tamanho da página e o da mancha quando ambos têm as mesmas proporções. Se os esforços no sentido de combinar formato da página e mancha numa unidade indissolúvel são bem-sucedidos, então as proporções das margens se tornam funções do formato da página e da construção geral e, assim, inseparáveis. As proporções das margens não dominam a página de um livro. Pelo contrário, resultam do formato da página e da lei da forma, do cânone. E que aspecto tem esse cânone?

Antes que o processo de impressão fosse inventado, os livros eram escritos a mão. Gutenberg e outros impressores primevos liam com muita atenção o livro manuscrito, como se fosse um exemplo. Os impressores adotaram as leis da forma do livro que os escribas tinham seguido. É claro que existiam códigos fundamentais. Numerosos livros medievais mostram uma surpreendente concordância nas proporções de formato e posição da mancha. Infelizmente esses códigos não chegaram até nós. Eram segredos de oficina. Só medindo cuidadosamente os manuscritos medievais é que podemos tentar descobri-los.

Tampouco o próprio Gutenberg inventou uma nova lei da forma. Utilizou os segredos de oficina dos iniciados e seguiu-lhes as pegadas. É de presumir que Peter Schöffer tenha tomado parte nisso também. Sendo um excelente calígrafo, é de supor que estivesse a par desses segredos de oficina góticos.

Medi um grande número de manuscritos medievais. Nem um só deles segue exatamente um código; livros toscamente feitos não são uma prerrogativa de nosso tempo.

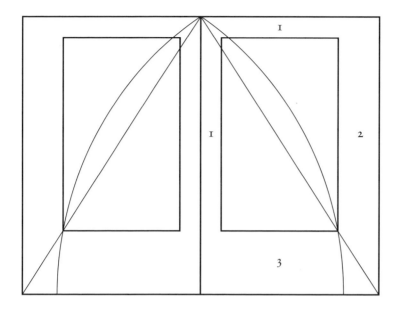

Figura 4. Estrutura de proporções ideais num manuscrito medieval sem múltiplas colunas, determinada por Jan Tschichold em 1953. Proporção da página 2:3. Proporções das margens 1:1:2:3. Mancha proporcionada na Seção Áurea! O canto externo inferior da mancha é também fixado por uma diagonal.

Descartando estes últimos, só computamos os manuscritos cuja feitura foi objeto de evidente reflexão artística.

Depois de muito trabalho e fadiga, consegui finalmente, em 1953, reconstituir o Cânone Áureo de construção da página de livro, tal como usado no gótico tardio pelos escribas mais requintados. Pode ser visto na figura 5. O cânone da figura 4, abstraí de manuscritos ainda mais antigos. Embora belo, não seria útil hoje em dia. Na figura 5, a altura da mancha é igual à largura da página: usando uma proporção de página de 2:3, condição para este câ-

A FORMA DO LIVRO

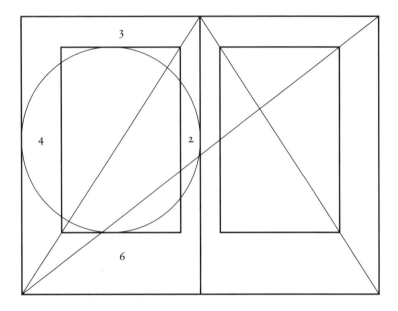

Figura 5. O cânone secreto, no qual se baseiam muitos manuscritos e incunábulos do fim da Idade Média. Determinado por Jan Tschichold em 1953. Proporção de página 2:3. Mancha e página mostram as mesmas proporções. A altura da mancha iguala-se à largura da página. Proporções das margens 2:3:4:6.

none, temos um nono da largura do papel para a margem interna, dois nonos para a margem exterior ou dianteira, um nono da altura do papel para a superior, e dois nonos para a margem inferior. A mancha e o tamanho do papel são de proporções iguais. Houve outros esquemas, empiricamente desenvolvidos, em que foram postuladas proporções iguais de mancha e formato da página. O que tinha faltado, porém, era o *uso da diagonal da página dupla aberta*, que aqui, pela primeira vez, torna-se parte integrante da construção.

CORRELAÇÃO COERENTE ENTRE PÁGINA...

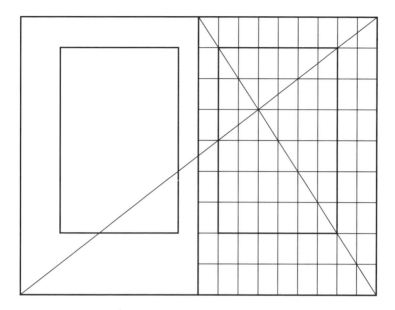

Figura 6. Divisão da altura e da largura da página em nove partes, seguindo a interpretação de Rosarivo. Como a figura 5, esta implica uma proporção de página de 2:3. O resultado final é congruente com a figura 5; só os métodos diferem. Verificou-se que este é o cânone usado por Gutenberg e Peter Schöffer.

O que descobri como cânone dos autores de manuscritos, Raúl Rosarivo provou ter sido também o cânone de Gutenberg. Ele encontra o tamanho e a posição da mancha ao dividir a diagonal da página em nove partes (figura 6).

A chave desse posicionamento da mancha é a divisão em nove partes tanto da largura quanto da altura da página. O meio mais simples de fazê-lo foi encontrado por J. A. van de Graaf e é mostrado na figura 7. Seu método resulta na minha figura 5 e na figura 6 de Rosarivo. Para fins de me-

A FORMA DO LIVRO

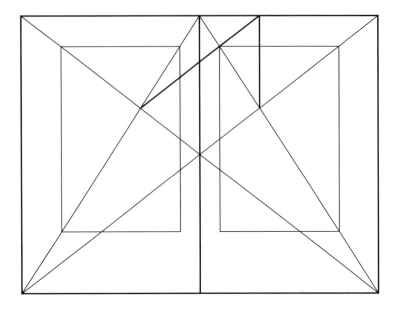

Figura 7. Divisão em nove partes, à maneira de van de Graaf, usando uma proporção de página de 2:3. O meio mais simples de chegar ao cânone da figura 5. Compasso e régua em vez de cálculos.

lhor comparação baseei sua figura numa proporção de página de 2:3, que van de Graaf não usa.

A confirmação definitiva e mais recompensadora de meus resultados mostrados na figura 5 veio do Diagrama de Villard, inscrito na figura 8. Este cânone gótico, quase desconhecido até aqui e verdadeiramente emocionante, redunda em divisões harmoniosas e pode ser traçado dentro de qualquer retângulo. Sem o emprego de uma escala, uma linha pode ser dividida em qualquer número de partes iguais. A figura 9 mostra outra vez o Diagrama de Villard.

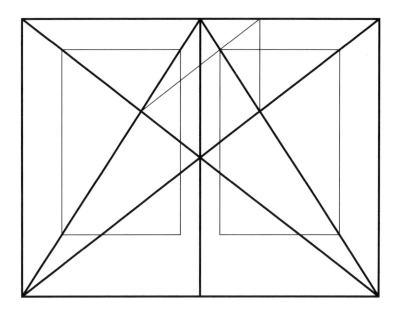

Figura 8. Diagrama de Villard. Incluída em nosso plano de construção de página há também uma variação do Diagrama de Villard. Este é um cânone de divisão harmoniosa que leva o nome de seu inventor, Villard de Honnecourt, um arquiteto que viveu e trabalhou durante a primeira metade do século XIII na região da Picardia, no norte da França. Seu manuscrito Bauhüttenbuch *[livro de registro da oficina] está guardado na Biblioteca Nacional de Paris. Usando o cânone de Villard, mostrado em negrito, é possível dividir uma linha reta em qualquer número de partes iguais sem necessidade de um instrumento de medição.*

As investigações de Raúl Rosarivo provaram a validade do cânone do escriba do fim da Idade Média determinado por mim para os primeiros impressores e, assim, corroboraram sua exatidão e importância. Entretanto, não devemos

A FORMA DO LIVRO

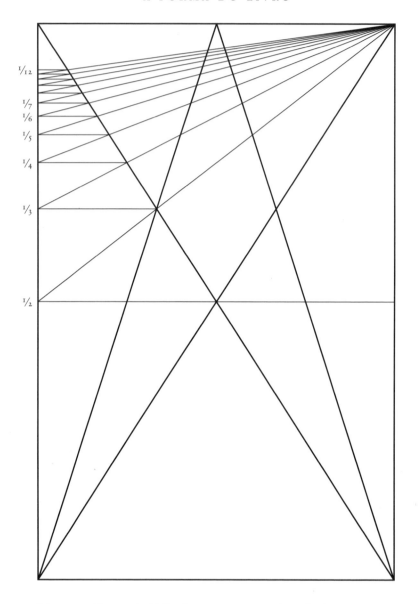

*Figura 9. Figura de Villard inscrita num retângulo de proporção
2:3. O lado mais longo dividido até a duodécima parte.*

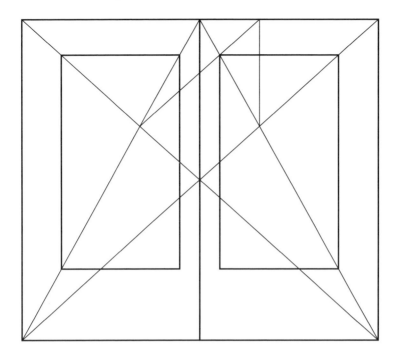

Figura 10. Proporção da página 1:√3 (1:1,732). Divisão em nove partes da altura e da largura do papel.

acreditar que a relação do formato de 2:3, que pertence a este cânone, era suficiente para atender a todos os requisitos. O período final da Idade Média não exigia de um livro especial comodidade nem elegância. Só muito depois, durante a Renascença, produziram-se livros que eram delicados e também leves e de fácil manuseio. Pouco a pouco apareceram livros em formatos menores e em proporções que ainda são convencionais hoje em dia: 5:8, 21:34, 1:√3 e o formato in-quarto, 3:4. Por mais bela que seja, a relação de 2:3 não pode servir para todo e qualquer livro. A finalidade e o caráter da obra freqüentemente requerem outra boa proporção.

A FORMA DO LIVRO

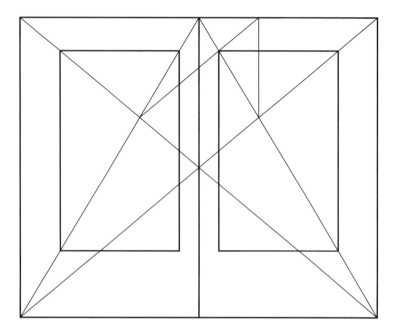

Figura 11. *A proporção de página da Seção Áurea (21:34).
Altura e largura do papel estão divididas em nove partes.
(Para a proporção de página de 2:3, ver figuras 5 a 7.)*

Mas o cânone da figura 5 contribui também para as proporções de outros formatos. Utilizado para qualquer formato de livro, redundará invariavelmente numa posição não-casual e harmoniosa da mancha. Mesmo o tamanho relativo da mancha pode ser alterado sem destruir a harmonia da página do livro.

Observemos primeiro os formatos de livros da Seção Áurea e as proporções $1:\sqrt{3}$, $1:\sqrt{2}$ e in-quarto (3:4). Usaremos a divisão em nove partes desenvolvida na figura 5. As figuras 10-13 mostram também a aplicação do Diagrama de Villard, que pode ser desenhado dentro de qualquer retângulo. As figuras 14 e 15, formato quadrado e paisagem, demonstram como chegamos a manchas harmoniosas e não-arbitrárias mesmo quando empregamos formatos insólitos. Um arranjo em paisagem é apropriado para livros de música, por exemplo, e para livros que contêm quadros em formato oblongo horizontal. Na maioria dos casos, uma proporção de página de 4:3 funciona melhor do que 3:2, que é baixa demais.

Mesmo a divisão em nove partes, embora sem dúvida a mais bela, não é a única correta. Dividindo em doze partes, como vemos na figura 16, conseguimos mancha maior em comparação com a figura 5. A figura 17 apresenta uma amostra de divisão em seis partes numa proporção de página de 2:3, à maneira de um pequeno devocionário italiano escrito por Marcus Vincentius em fins do século XV, do qual pode ser vista uma reprodução no livro *Writing & Illuminating & Lettering*, de Edward Johnston, estampa XX. Foi com a mais profunda satisfação que descobri a chave da magnífica construção de página desta obra-prima da caligrafia dentro do meu cânone, e há mais de quarenta anos não cesso de admirar o livro. A mancha ocupa metade da altura do pergaminho, e a página (9,3 × 13,9 cm; 3$\frac{5}{16}$ × 5½ pol.) comporta doze linhas de vinte e quatro letras cada uma.

Em caso de necessidade, a altura do papel pode ser dividida do modo que você escolher. Até são possíveis margens mais estreitas do que as mostradas na figura 16, de modo que permaneça intacto o elo entre mancha, diagonal de página isolada e diagonal de página dupla; só isto garante uma posição harmoniosa da mancha.

O sistema tipográfico baseado no número doze, cuja unidade é o cícero ou a paica, ambos divididos em doze pontos, não tem originária nem necessariamente nada a ver

A FORMA DO LIVRO

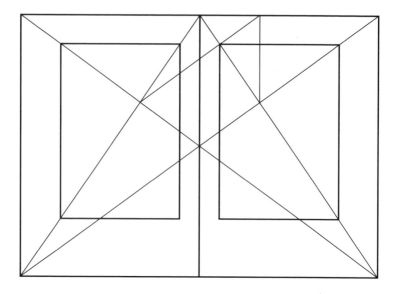

Figura 12. Proporção da página 1:√2 (o formato DIN *normal).*
Altura e largura do papel divididas em nove partes.

com o cânone aqui referido, nem mesmo com a página de livro de proporção 2:3, que foi a única usada por Gutenberg e Peter Schöffer. Quando a impressão de livros começou, a paica dividida em doze partes era desconhecida e não existiam regras gerais. Mesmo as medidas naturais tiradas do corpo humano, como jarda, pé e a largura de um polegar, a polegada, não estavam definidas com exatidão. É possível que determinados comprimentos fossem divididos utilizando-se o Diagrama de Villard, e que todo impressor fizesse seus cálculos baseado em unidades que não eram todas universalmente válidas.

A conveniência de determinar em paicas e pontos todas as medidas, inclusive o tamanho do papel, para uma proporção de página de 2:3 é puramente acidental. Ou-

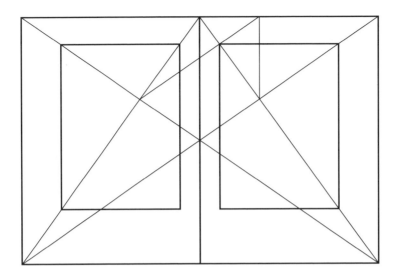

Figura 13. Proporção de página 3:4 (in-quarto). Altura e largura do papel divididas em nove partes. Aqui, também, a mancha deve espelhar as proporções da página.

tras proporções não são tão úteis. Se você precisa de fato operar com proporções, uma régua ou roda de cálculo é uma necessidade. De 1947 até 1949, trabalhei em Londres, Inglaterra, com o objetivo de reformular completamente o aspecto de todas as edições publicadas pela Penguin Books. Constantemente precisei trabalhar em paicas e alternar entre polegada e centímetro. Exemplo: determinar uma relação proporcional em polegadas e oitavos de polegada, encontrar o valor equivalente em centímetros e milímetros, depois conferir os números numa régua de cálculo circular. A Inglaterra não conta nem mede no sistema decimal, por isso um apetrecho como a régua de cálculo é quase desconhecido no meio editorial britânico. Conseqüentemente, uma relação irracional como a Seção Áurea tem de

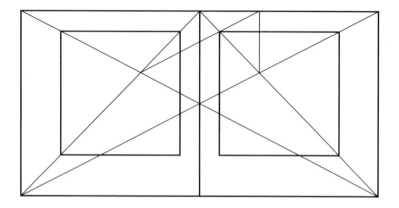

Figura 14. Proporção de página 1:1. Altura e largura do papel divididas em nove partes.

ser encontrada por meios estritamente geométricos (usando compasso e régua). Não dói aprender a fazer isso. Mas, empregando uma régua de cálculo, eu a fixaria em 1:1,618 ou 21:34 e simplesmente leria que um livro de 18 centímetros de altura, no formato da Seção Áurea, deve ter uma largura de 11,1 centímetros.

Sempre que possível, a largura da mancha deve aparecer em paicas inteiras, ou em meias paicas em caso de absoluta necessidade, e a margem interna ou medianiz pelo menos também em meias paicas. A largura da margem superior refilada, e de fato toda a superfície de corte, tem de ser dada em milímetros, ainda que todos os cálculos tenham sido feitos em paicas. O encadernador só conhece milímetros. Todas essas especificações estão contidas no par de páginas modelo, que deve preceder a produção.

É raro as circunstâncias permitirem o tamanho e o posicionamento matematicamente corretos da mancha. Quase sempre temos de nos contentar com uma possível aproxi-

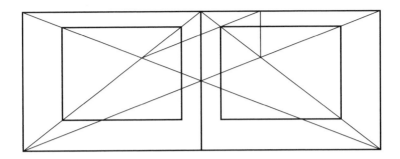

Figura 15. Proporção de página 4:3. Altura e largura do papel divididas em nove partes.

mação do ideal. Nem sempre podemos colocar o bloco de texto tipográfico na altura que seria desejável, nem, via de regra, a margem interna calculada é suficientemente larga. Tal medianiz só será correta se o livro couber em apenas uma folha ou ficar perfeitamente plano quando aberto. É a *aparência* do livro aberto que precisa se relacionar com o cânone. A medianiz deve *parecer* tão larga quanto as margens externas. Lamentavelmente, não só o sombreamento mas também a pequena porção de papel que desaparece na costura diminuem a largura visível da medianiz.

E não há fórmula infalível que nos diga quanto acrescentar para a encadernação. Depende muito de como isto é feito. Regra geral, livros gordos precisam de um pouco mais de espaço do que volumes magros. O peso do papel também conta um pouco. Se queremos estar certos, temos de recortar duas páginas do tamanho da mancha e depois grudá-las num boneco do livro acabado. Este boneco já deve incluir o provável acréscimo para a encadernação. De outro modo as margens externas não ficarão corretas. Talvez o boneco tenha de ser alterado correspondentemente

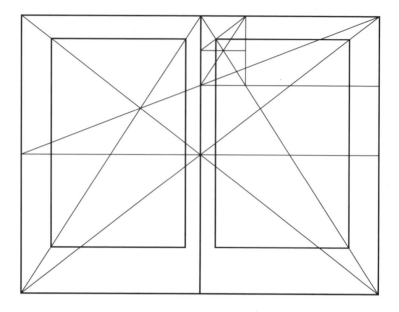

Figura 16. Proporção da página 2:3. Altura e largura do papel divididas em doze partes, usando-se o Diagrama de Villard, como se vê na figura 9. Uma divisão geométrica é mais simples e melhor do que um cálculo aritmético.

mais tarde, *i.e.*, tenha de ser alargado ou refilado. Um ou dois milímetros adicionais de largura de corte no livro costurado não chegam a afetar as proporções da capa ou das pastas, uma vez que as pastas projetam-se aproximadamente 2,5 mm na dianteira e 2 mm cada uma na cabeça e no pé; no todo, são 4 mm mais altas do que o livro costurado. Além disso, é o livro aberto que conta, as páginas expostas; o tamanho da pasta ou da capa é determinado pelo livro costurado e refilado, e não importa aqui.

A escolha do corpo do tipo e do entrelinhamento contribui enormemente para a beleza de um livro. As linhas devem

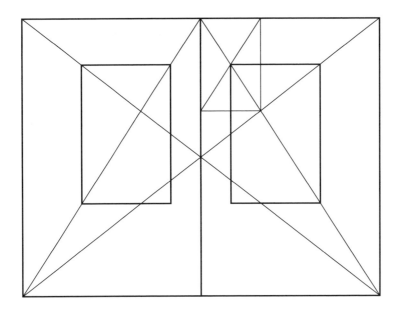

Figura 17. Proporção da página 2:3. Altura e largura da página divididas em seis partes. Ambas aplicadas num pequeno devocionário escrito por Marcus Vincentius (Marcus de Cribellariis) em fins do século xv.

conter de oito a doze palavras; mais do que isso é um aborrecimento. As margens mais largas resultantes da divisão por nove permitem um corpo de tamanho um pouco maior do que o permitido pela divisão por doze. Linhas com mais de doze palavras requerem entrelinhamento maior. Composição sem entrelinhamento é uma tortura para o leitor.

Tampouco é infrutífero chamar a atenção para a correspondência entre largura do tipo e proporção da página. Um livro de formato quadrado, não exatamente um dos melhores, precisa de um tipo largo, de modo que as formas das letras o e n coincidam mais rigorosamente com o formato do livro. Um tipo estreito seria de todo inadequado a um livro quadrado. Por outro lado, caracteres de formato bem conhecido são corretos para a forma usual dos livros, visto que os contornos das letras o e n parecem-se muito com a proporção da página.

O número da página não pertence ao bloco de texto. Fica sozinho. Em geral, eu uso numerais centrados no pé da mancha. Essa é de longe a solução melhor e mais simples. Em casos excepcionais, ponho os números da página debaixo do bloco de texto, perto da margem externa. Habitualmente adoto um recuo de um quadratim para não provocar discordância com uma última linha de texto parcialmente em branco.

Os manuscritos medievais exibem pequenos números de página ou fólio no canto externo superior do pergaminho.

É melhor não contar como parte do bloco de texto um título corrente centrado, sem fio de separação, em especial quando o número de página está no pé. Contudo, se há um fio entre o texto e o título corrente, então ambos fazem parte do bloco de texto.

Quando a tipografia atingiu o ponto mais baixo, perto do fim do século XIX, os estilos mais diversos foram copiados ingenuamente em sua óbvia aparência exterior, como capitulares e vinhetas. No entanto, ninguém pensou em proporções de página. Os pintores tentaram livrar a mal-amanhada tipografia de regras atrofiadas e, ao fazê-lo, opuseram-se a tudo que pudesse infringir a recém-declarada liberdade artística. Subseqüentemente, tiveram pouca ou nenhuma consideração por proporções exatas. Detestavam ouvir falar de Seção Áurea, possivelmente porque durante algum tempo as pessoas tinham abusado das antigas proporções como de uma receita geral para produzir *arte*, dividindo e moldando quase tudo de acordo com ela. Por este motivo, ninguém mais usava intencionalmente formatos de livro com proporções racionais ou irracionais; nem ligava para planejamento de mancha. Se de vez em quando aparecia um belo livro, isto se devia a uma pessoa excepcional que se dera ao trabalho de compulsar obras magistrais do passado, delas extraíra algumas regras e adquirira certo *gosto* por boas proporções entre o tamanho da página e a posição do bloco de texto. Infelizmente esse *gosto* indefinível nem é uma regra confiável nem pode ser ensinado. O verdadeiro progresso só se alcança mediante infatigável estudo científico das obras perfeitas do passado. É a esse esforço perseverante na meticulosa investigação de velhas obras-primas que temos de agradecer pelas mais importantes obras impressas do presente; só a pesquisa dos segredos de formatos e manchas de livros antigos é que, ao fim, nos aproximará da verdadeira arte de fazer um livro.

Na primeira metade do século XX houve quem pretendesse limitar o grande número de formatos de fábrica disponíveis para folhas. A proporção secundária média dos velhos formatos, 3:4, que nos dava um formato in-quarto de 3:4 e um formato in-oitavo de 2:3, era bastante sensata. Entretanto, algumas pessoas viam certa desvantagem na variedade de proporções oferecida pelo in-quarto e pelo in-oitavo. Assim, o formato *normal* de hoje foi criado com base na proporção de $1:\sqrt{2}$, que é mantida quando se dobra a folha. Mas o fato de ninguém prestar muita atenção às proporções das páginas volta a nos rondar. Esta falta de atenção redundou em se jogar fora o bebê com a água do banho, quando o grande número de velhos formatos reduziu-se a pouco mais de um. Muita gente crê que essa norma restrita de formatos de papel seja a resposta a todos os seus problemas de formato. Isso é um erro. As opções de escolha entre os novos formatos é pequena demais; a proporção de 1:√2 é só uma entre muitas, e certamente nem sempre é a melhor.

A figura 18 fornece uma visão de conjunto de todas as proporções retangulares aqui mencionadas e também mostra uma rara relação de 1:√5. A, D, F, G e I são relações irracionais, ao passo que B, C, E, H e K são racionais.

Qualquer um que produz livros ou outro material impresso deve primeiro procurar tamanhos adequados de folhas de papel, com proporções corretas. Para começar, mesmo a escrita mais bela não ajuda se o formato, A5 digamos, é desagradável. Da mesma maneira, um bloco de texto desarmônico numa posição infeliz destrói toda beleza potencial.

Inúmeras manchas, ainda que nos formatos delgados, são altas demais. Páginas de livro dissonantes ou desarmônicas não podem ser evitadas quando nosso desejo inato de ver um bloco de texto proporcionado de acordo com a Seção Áurea, ou pelo menos próximo dela, defronta-se com um formato de página em proporção de 1:√2 ou 3:4. Se queremos criar uma página harmoniosa a partir de um dos novos formatos de folha, temos de alterar o formato da página ou temos de compor o bloco de texto em proporção com o formato da página. Ninguém se atormentará com boas proporções de papel enquanto restarem opções à disposição. A mancha correta, outra condição para um belo livro, raramente foi pesquisada, ainda menos de maneira metódica. Como a própria tipografia, a mancha foi a tal ponto negligenciada no século XIX que qualquer alteração parecia permissível. A história recente do bloco de texto está cheia de tentativas de pôr de lado velhos resultados insatisfatórios e substituí-los pelo inconvencional.

CORRELAÇÃO COERENTE ENTRE PÁGINA...

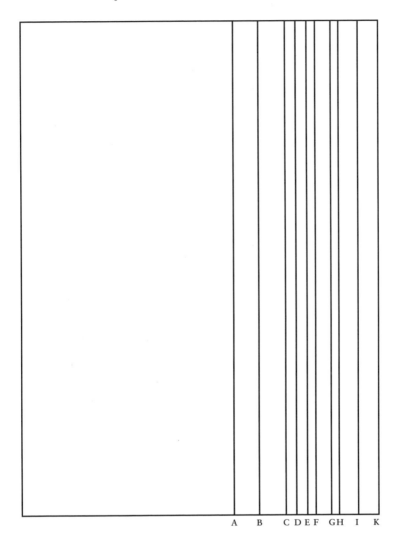

Figura 18.

A 1:2,236 (1:√5)   E 3:5   H 2:3
B 1:2 (1:√4)   F 1:1,618 (21:34)   I 1:1,414 (1:√2)
C 5:9   (Seção Áurea)   K 3:4
D 1:1,732 (1:√3)   G 1:1,538 (Figura 1)

O que todas essas tentativas têm em comum é a arbitrariedade. Perdera-se a velha lei, que não seria reencontrada apenas com "gosto". Foi nessa altura que tive êxito medindo numerosos manuscritos medievais. O cânone redescoberto, aqui compartilhado, está livre de toda arbitrariedade e põe fim a toda busca trabalhosa e vã. Em todas as suas abundantes variações, conduzirá inevitavelmente a livros em que o formato da página e o bloco de texto concordam entre si e tornam-se uma unidade harmoniosa.

REFERÊNCIAS BIBLIOGRÁFICAS EM ORDEM CRONOLÓGICA

GUSTAV MILCHSACK. "Kunst-Typographie" ["Arte-Tipografia"]. In: *Archiv für Buchgewerbe,* vol. 8: 291-295; vol. 10: 365-372. Leipzig, 1901. Tentativa de um culto bibliófilo no sentido de captar as leis da beleza nas proporções de livros antigos. Ele acredita que pode expressar as proporções das páginas em números racionais.

EDWARD JOHNSTON. *Manuscript Inscription Letters* [*Letras de Inscrição Manuscritas*]. Segunda edição. Londres, John Hogg, 1911. Estampa 1. Determinação empírica de proporções de páginas em números; incontestável no único exemplo mostrado.

EDWARD JOHNSTON. *Writing & Illuminating & Lettering* [*Escrever & Iluminar & Desenhar Letras*]. Sétima edição. Londres, John Hogg, 1915. Páginas 103-107; estampa XX. Teoria das proporções de páginas baseada em experiência prática. Fornecidas apenas proporções numéricas.

FRIEDRICH BAUER. *Das Buch als Werk des Buchdruckers* [*O Livro como Obra do Impressor*]. Leipzig, Deutscher Buchgewerbe Verein, 1920. Obra de uma pessoa culta. Em conjunto ainda válida hoje. Influenciado por Milchsack e outros, o autor acredita em proporções racionais de páginas.

E.W. TIEFENBACH. *Über den Satz im schönen Buch* [*Sobre a Composição em Belos Livros*]. Berlim, Officina Serpentis, 1930. Uma das frases mais importantes desta confissão é dita como um aparte: "Para chegarmos às proporções de uma página, dependemos um pouco das dimensões do papel de impressão e de suas proporções". É uma pena realmente que o autor não desenvolva este pensamento basicamente correto.

JAN TSCHICHOLD. "Die Maßverhältnisse der Buchseite, des Schriftfeldes und der Ränder" ["As Proporções da Página do Livro, da Mancha e das Margens"]. *Schweizer Graphische Mitteilungen,* 65: 294-305. St. Gallen, agosto de 1946. Primeira tentativa do autor. Contém mais exemplos do que teorias. Muitas ilustrações.

JOH. A. VAN DE GRAAF. "Nieuwe berekening voor de vormgeving" ["Um Novo Modo de Calcular a Forma"]. *Tété*, 1946: 95-100. Amsterdã, novembro de 1946. Mostra a maneira mais simples de dividir a altura e a largura do papel em nove partes.

HANS KAYSER. *Ein harmonikaler Teilungskanon* [*Um Cânone para a Divisão Harmoniosa da Página*]. Zurique, Occident-Verlag, 1946. Brilhante e profundo, como todos os livros deste autor. Faz referência ao cânone de Villard de Honnecourt, que está oculto no livro de registro de sua oficina.

JAN TSCHICHOLD. "Die Proportionen des Buches" ["As Proporções de um Livro"]. *Der Druckspiegel,* 10: 8-18, 87-96, 145-150. Stuttgart, janeiro, fevereiro, março de 1955. Escrito em 1953. A primeira publicação, pelo autor, de sua determinação do cânone de manuscritos da Idade Média tardia. Numerosos diagramas e ilustrações. Suplantada em parte pela presente compilação.

JAN TSCHICHOLD. *Bokens Proportioner.* (O ensaio precedente em forma de livro e em sueco.) Gotemburgo, Wezäta, 1955. Uma edição admiravelmente impressa.

JAN TSCHICHOLD. *De proporties van de boek.* (A mesma obra em holandês.) Amsterdã, Intergrafia, 1955.

WOLFGANG VON WERSIN. *Das Buch vom Rechteck* [*O Livro do Retângulo*]. Ravensburg, Otto Maier, 1956. Uma interpretação das propriedades dos retângulos mais importantes e seu papel na arquitetura. Não trata de livros.

RAÚL M. ROSARIVO. *Divina Proporción Typográfica.* La Plata, 1956. Publicado em tradução alemã em 1961. Apóia a descoberta de Tschichold do cânone do manuscrito medieval da Idade Média tardia, figura 5. Erra na opinião óbvia de que uma proporção de página de 2:3, e só esta proporção, é a perfeita.

Tipografia e a
Folha de Rosto Tradicional

UMA FOLHA de rosto em sua forma tipográfica é parte integrante do livro e como tal tem de condizer com a tipografia dos outros componentes.

Muitas folhas de rosto não têm esta convincente afinidade com as páginas seguintes do livro. Mesmo que a composição da página seja irrepreensível, o livro como um todo é uma decepção quando, do ponto de vista tipográfico, a folha de rosto provoca um efeito desagradável e desgracioso. A frugalidade de recursos não deve se tornar fraqueza ou pobreza. As folhas de rosto de muitos livros parecem ter sido compostas no último minuto, como se tivessem sido dadas como prontas sem qualquer aprimoramento, ou como se alguém tivesse encomendado o trabalho, ou mesmo realizado, sem o menor cuidado e atenção. Essas folhas de rosto são como órfãos pobremente vestidos, anêmicos e medrosos. A arte da tradicional tipografia centrada parece perdida. Uma folha de rosto, o arauto do texto, precisa ser forte e saudável. Não deve sussurrar. Mas, ai de nós, folhas de rosto de aparência saudável constituem exceção. E folhas de rosto realmente belas, inconfundíveis, são tão raras como a própria perfeição.

Importante pré-requisito é a boa ordem dos dizeres. "Matthias Grünewald ‖ Der Isenheimer Altar" seria uma formulação errônea e inutilizável. "Der ‖ Isenheimer Altar ‖ des Matthias Grünewald" estaria correto. Os dizeres

A FORMA DO LIVRO

Figura 1. Um par de páginas, esquemático, para comparação com a posição errônea do título na figura 2. Horizontalmente, um título não deve se afastar do meio da mancha.

"Eduard Mörike ‖ Sämtliche Werke" também são discutíveis. O correto seria: "Mörikes ‖ Sämtliche Werke". Completamente inaceitável, em virtude da incorreção gramatical: "Sämtliche Werke von Eduard Mörike". O título original "Eduard Mörike ‖ Maler Nolten", porém, pode ser invertido: "Maler Nolten ‖ von Eduard Mörike". Há que distinguir cuidadosamente entre o título original do autor e um inventado livremente pelo editor. Um título pobre ou erroneamente enunciado é um enorme obstáculo à criação de uma boa folha de rosto.

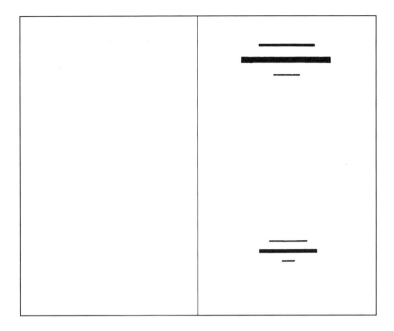

Figura 2. Se as margens do livro são amplas, então as margens superior e inferior estão corretas neste caso. No entanto, o título, como está indicado, ocupa o centro da largura da página, o que é um erro.

Sem contar com um conjunto preciso de páginas-modelo, não é possível criar uma folha de rosto adequadamente ou julgar a qualidade de sua forma.

Uma folha de rosto válida só pode ser criada a partir da página do livro. E as regras para proporções das margens e posicionamento da mancha ou bloco de texto aplicam-se igualmente ao título (figura 1). O título não deve, como acontece com tanta freqüência, *ser posto no centro da largura do papel* (figura 2). Isto o faria destoar do conjunto do livro. Em parte alguma as linhas da folha de rosto devem transgredir os limites impostos ao bloco de texto. Como regra, é quase sempre melhor manter a linha principal de um título perceptivelmente mais estreita do que a largura total da composição. E os títulos não devem alcançar a altura máxima da página, em especial quando a página tem margens muito estreitas.

Mesmo uma folha de rosto com poucos elementos deve "encher" uma página de livro. Isso quer dizer que precisa possuir substância própria. Freqüentemente, porém, parece que se tem medo de utilizar corpos maiores. A linha principal da folha deve ser composta num tipo pelo menos dois corpos maior do que o tipo básico do livro. Não há regras fixas nessa questão porque compor uma folha de rosto é uma tarefa em que uma sensibilidade educada para a forma tem de culminar numa decisão. Mesmo títulos curtos compostos em corpos relativamente pequenos podem "encher" uma página, desde que o arranjo seja inteligente. Talvez seja possível quebrar uma longa linha principal. As duas linhas mais curtas resultantes, no importante grupo superior da folha de rosto, terão agora um contorno mais poliédrico em vez de uma forma linear. A enorme extensão branca entre o bloco do título e a imprenta do editor não deve parecer acidental e "vazia". A tensão desse espaço branco deve contribuir para o efeito do conjunto. Um bom símbolo do editor poderia ser útil, mas não é absolutamente necessário. Se está sendo usado um, convém que se harmonize suavemente com a tipografia e que suas linhas mais grossas não sejam mais grossas do que as linhas mais grossas do maior tipo empregado no título, nem que suas linhas mais finas

Figura 3. Folha de rosto de livro francês de 1510. As modalidades de quebras de linha aqui mostradas são tabu atualmente.

Les lunettes des prin
ces auec aulcūes balades et additi-
ons nouuellemēt cōposees p noble
hōe Jehā meschinot Escuier/en sō
biuant grant maistre dhostel de la
Royne de France.

sejam mais finas do que as linhas mais finas do menor tipo usado. Sinetes pretos do editor, com letras em negativo, constituem feios intrusos dentro da estrutura total de uma folha de rosto (figura 9). Não apenas são estrangeiros na terra da tipografia do livro como põem em perigo a própria folha de rosto, pois seu brilho transparece do outro lado. O símbolo do editor tem de ser delicado para combinar com a cor do tipo. Um bom símbolo é uma obra de arte. Não precisa ser realmente pequeno porquanto melindres e timidez não assentam numa folha de rosto. Mas nem todo artista gráfico sabe desenhar um símbolo de editor que seja utilizável. A criação de um símbolo não é simples e, habitualmente, passa por muitos estágios dispendiosos.

Se não o queremos na folha de rosto, o símbolo pode ser usado na falsa folha de rosto. Ao longo do período Art Nouveau, surgiu a tendência a colocar o símbolo no canto superior direito da mancha na falsa folha de rosto, posição onde a Insel Verlag manteve o seu logotipo durante anos. Hoje tal posição pareceria demasiado intencional. Provavelmente é melhor colocar o sinete na página 3, no centro óptico da altura do papel e no meio da largura do bloco de texto (as páginas 1 e 2 devem ser deixadas em branco, assim como as duas últimas páginas do livro). O melhor lugar, me parece, seria a página reservada às informações do impressor: o cólofon no fim do livro, se se decidisse, contra o uso comum, colocá-lo lá.

Os impressores do gótico, da Renascença e do barroco julgavam que era bastante fácil criar boas folhas de rosto. O símbolo do editor ou outra grande xilogravura ilustra-

Figura 4. Bela folha de rosto da Renascença francesa, Paris, 1585. Notar o grande símbolo do editor.

LES
ODES D'ANACREON
TEIEN, POETE GREC,
traduictes en François,

PAR REMY BELLEAV.

Auec quelques petites Hymnes de son in-
uention, & autres diuerses poësies:
Ensemble vne Comedie.

TOME SECOND.

A PARIS,
Pour Gilles Gilles, Libraire, rue S. Iehan
de Latran, aux trois Couronnes.
M. D. LXXXV.

tiva formava o centro da folha de rosto e abria adequadamente o livro (figuras 3 e 4). Durante o século XVIII, essa decoração deu lugar a uma vinheta um pouco menor ou, novamente, a uma xilogravura ou a uma gravura em metal (figura 5). Hoje folhas de rosto com símbolo do editor são antes uma exceção. Restou o espaço vazio, não utilizado, entre o bloco do título lá no alto e a imprenta do editor perto do pé da página (figuras 8 e 17).

Uma das dificuldades na composição de uma boa folha de rosto é o contorno, o perfil tipográfico do bloco do título, determinado, em parte, por qualquer quebra nos dizeres e, em parte, pela gradação dos corpos; ambas precisam andar de mãos dadas com a lógica e o valor de cada palavra dentro da seqüência. Muitas das exigências impostas às folhas de rosto de hoje são sobras do racionalismo dos séculos XVIII e XIX. Diferentemente dos impressores do gótico, da Renascença e do barroco (figuras 3 e 4), não nos é permitido quebrar palavras e linhas ali onde a aparência tipográfica exterior torna isso desejável; tampouco nos é permitido escolher corpos sem levar em conta o sentido da frase. Pelo contrário, temos de aderir rigorosamente à significação da palavra. Também não é simples, sem a utilização de um símbolo, conseguir certo grau de equilíbrio entre o quase sempre pesado bloco principal do título perto da cabeça e a comumente menos extensa imprenta do editor perto do pé. É por isso que é mais difícil hoje compor uma boa folha de rosto, especialmente em romano, do que era nos séculos XVI e XVII.

Figura 5. Folha de rosto francesa, executada por Barbou em 1759, mostrando símbolo em xilogravura (uma oficina gráfica).

MARCI ACCII
PLAUTI
COMŒDIÆ

QUÆ SUPERSUNT

TOMUS I.

PARISIIS,
Typis J. Barbou, viâ San-Jacobæâ, fub
Signo Ciconiarum.

M. DCC. LIX.

A figura de uma taça proporciona um dos contornos mais úteis para a forma de uma folha de rosto (figuras 10 e 14), se isso puder ser conseguido sem esforço aparente. A haste da taça, na figura 6, é substituída pelo símbolo do editor. Mas isso é extremamente raro. Nossos títulos são curtos demais para isso. Temos de nos contentar, se somos bem-sucedidos, com a obtenção de um contorno agradável e de um bom equilíbrio entre os dois principais blocos de palavras.

Uma coisa em particular é necessária: ambos os blocos, o superior e o inferior, precisam dar a impressão de que são planos em vez de linhas e, onde for possível, devem conter várias linhas (figura 2); se necessário, elas podem ser quebradas e alteradas para tal fim. Palavras alemãs, freqüentemente longas, não facilitam a consecução de um bom contorno, especialmente se temos de usar caracteres romanos ou, pior ainda, versais romanas. Talvez também as versais romanas sejam utilizadas com demasiada freqüência e a caixa-baixa romana não o seja suficientemente. O Fraktur redunda em imagens significativamente mais curtas e, portanto, mais poligonais e mais fortes. Conseqüentemente, o Fraktur dá melhores resultados do que o romano em folhas de rosto de livros alemães (figuras 8 e 12). É lamentável que, no tempo de Goethe, a tipografia em geral se mostrasse débil e pouco segura de si. As folhas de rosto da época são desiguais e nada modelares (ver figura 6).

Uma folha de rosto correta precisa estar composta na mesma família de tipo usada no livro: Garamond, por exemplo, quando o livro está composto em Garamond, ou um tipo antigo comum quando tal tipo é usado no livro.

Figura 6. Folha de rosto alemã do tempo de Goethe. Exemplo nada brilhante. Romano imitando Fraktur.

Torquato Tasso.

Ein Schauspiel.

Von

Goethe.

Achte Ausgabe.

Leipzig,
bey Georg Joachim Göschen.
1790.

Usar o tipo do barroco francês Jannon na folha de rosto de um livro composto num tipo humanista italiano gera deslocamento e desarmonia. Nunca é demais recomendar o máximo de rigor nessa questão. Caracteres meio-pretos, ainda que da mesma família, nunca devem ser usados em títulos. Não há a menor razão para usá-los. Pode-se pensar em títulos manuscritos, mas empregá-los de maneira tal que realmente se harmonizem com a página de texto e o tipo utilizado é sem dúvida uma arte sutil, e não algo entendido por todo calígrafo. Até a melhor tipografia, por mais difícil que seja, é mais simples de manejar e, acima de tudo, mais flexível.

O pré-requisito mais importante para a composição de uma boa folha de rosto é uma sensível afinidade com as letras. Daqui por diante, pensaremos somente em função de folhas de rosto em romano. Quando estão sendo usadas linhas com versais, elas têm de ser espacejadas com ousadia e sem hesitação, ainda que com o cuidado de manter o equilíbrio. Um ponto apenas nunca é suficiente entre H e I. Em vez disso, espaceje os corpos menores usando 1½ ponto, e os maiores, até 12 pontos, usando 2 a 2½ pontos. De 14 pontos para cima, use três pontos ou mais para o interespacejamento. Linhas com maiúsculas não espacejadas ou mal espacejadas são sempre feias. As letras grudam-se, por assim dizer, e resultam numa confusão de linhas difícil de decifrar. Muitas vezes o espacejamento é aberto demais. Conseqüentemente, ocorre tornar-se necessário "lixar" uma letra para reduzir um claro, digamos entre V A, que parece grande demais. O procedimento é repreensível e inteiramente desnecessário se o espacejamento é feito com mais ousadia. O espaço em VA deve ser utilizado como a menor distância óptica. Mesmo em LA tem

TIPOGRAFIA E A FOLHA DE ROSTO...

*Esquerda: Figura 7. Folha de rosto, aproximadamente 1905.
Mal projetada. Detalhamento defeituoso.   Direita: Figura 8.
O mesmo texto, como seria composto hoje, e melhor.
Não interespacejado.*

de existir um pequeno espaço, um espaçozinho, no mínimo com a espessura de uma cartolina.

As minúsculas em romano e itálico de um título nunca devem ser espacejadas. É um erro racionalizar o espacejamento de letras minúsculas seguindo os mesmos fundamentos que nos levam a espacejar as maiúsculas.

Números como parte do texto do título ("com 240 ilustrações") devem ser escritos por extenso ("com duzentas e quarenta ilustrações", "século dezoito"); só o ano pode ser dado em algarismos arábicos (1958). Em obras de mé-

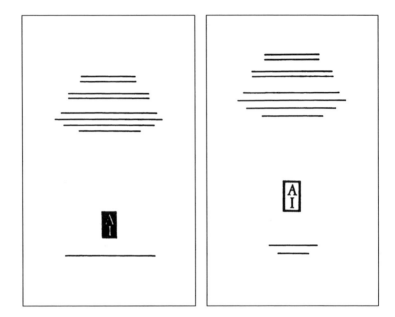

Esquerda: Figura 9. Uma folha de rosto lamentavelmente típica de hoje, com a cabeça na região abdominal e o símbolo em negativo. Direita: Figura 10. A mesma folha de rosto, corrigida. O símbolo agora é positivo.

Figura 11. Folha de rosto composta pelo autor deste livro. (Xilografia de Reynolds Stone.) 1947. Página 106: Figura 12. Folha de rosto composta pelo autor deste livro no estilo do rococó alemão. 1957. Página 107: Figura 13. Folha de rosto composta pelo autor deste livro em Monotype Bell. 1954.

WILLIAM SHAKESPEARE
THE SONNETS
AND
A LOVER'S COMPLAINT

PENGUIN BOOKS
HARMONDSWORTH · MIDDLESEX
ENGLAND

Schönste liebe mich

Deutsche Liebesgedichte
aus dem Barock und dem Rokoko

Mit farbigen Wiedergaben
acht alter Spitzenbildchen

Verlag Lambert Schneider,
Heidelberg

YORICKS

EMPFINDSAME

REISE

DURCH FRANKREICH UND ITALIEN

—

AUS DEM

ENGLISCHEN ÜBERSETZT VON

JOHANN JOACHIM BODE

—

BIRKHÄUSER VERLAG

BASEL

rito especial – embora dificilmente em outras –, o ano pode aparecer em algarismos romanos (MCMLVIII), sobretudo se todo o título foi composto em romano caixa-alta.

Quanto menor a variedade de corpos numa folha de rosto, melhor! Muitos cozinheiros põem o caldo a perder; e corpos demais, a folha de rosto. Usar quatro ou cinco corpos é uma coisa difícil (figura 16). Só em casos excepcionais se faz necessário empregar mais do que três corpos; na maior parte das vezes bastam dois (figuras 8 e 11).

Um título composto somente em maiúsculas romanas, embora tenda a parecer formal, quase sempre tem um aspecto harmonioso. Isso não é motivo, porém, para fazer desse modelo a regra. Letras em caixa-baixa dão expressão às linhas principais, enquanto, ao mesmo tempo, linhas mais curtas podem beneficiar-se de letras em caixa-alta (figura 15).

A casa editora nunca é mais importante do que o autor e, no máximo, o corpo em que é composta não deve ser maior do que o do nome do autor. Com que freqüência, no entanto, põe-se de lado essa ordem de precedência e o nome do autor aparece composto num corpo até menor do que o da denominação da editora! E, ai de mim, chega mesmo a acontecer que o nome da editora vem composto num corpo tão grande quanto o da linha principal do bloco superior.

Como podemos ver, o campo de jogo da correta composição da folha de rosto está entulhado de restrições, avisos e proibições: os limites da mancha, pouca liberdade na seleção de tipos, corpos limitados, nada de letras em meiopreto, espaçamento incondicional de letras em caixa-alta. Tendo tudo isto em mente, podemos agora tentar trabalhar na composição de uma folha de rosto.

Um bom modo de começar é este: usando uma esferográfica ou caneta-tinteiro preta – não uma lapiseira –, desenhe cuidadosamente todas as palavras nos corpos que considerar adequados, consultando as amostras de tipos. Sobretudo um iniciante deve ter o cuidado de não enviar ao compositor um esboço rabiscado. Em vez disso, deve tentar desenhar cada letra com todo o esmero possível. Só os mais tarimbados podem trabalhar com aparente negligência. Simplesmente esboçar linhas, como fiz em algumas de minhas ilustrações, fatalmente induzirá a erros! Em seguida, recorte as linhas e coloque-as num par de páginas vazias feitas do mesmo papel e no tamanho exato do livro; no lado direito, uma linha fina traçada a lápis indica o limite do bloco de texto. Agora mexemos nas coisas várias vezes de um lado para o outro, e podemos talvez querer mudar o corpo das letras, até pensarmos finalmente que achamos a melhor solução possível. Fixamos então as linhas no lugar, usando cola sem água (cemento de borracha). Na cabeça do croqui indicamos o tipo (digamos, "tudo em Janson"), na margem indicamos os corpos exatos (digamos, "10, caixa-baixa", "8, caixa-alta, espacejado a 1½ ponto"); é importante especificar o espacejamento preciso das letras em caixa-alta. Também indicamos "altura exatamente igual à da mancha" ou "altura e posição conforme croqui" e, por fim, pedimos: "imprimir na posição correta, segundo o croqui, em página dupla refilada". Agora nosso croqui pode seguir para o compositor. Se nosso desenho é competente e bem feito, e acontece de terminar em boas mãos, então teremos de volta exatamente o que nos esforçamos por realizar e que agora deve tornar-se uma unidade convincente. Na maioria das vezes, porém, o trabalho não é executado de acordo com as especificações: o entrelinhamento foi alterado, o espacejamento não está equilibrado. Ou descobrimos erro no espacejamento de palavras, que quase sempre é largo demais. O grande E. R. Weiss passava todas as suas correções em milímetros em vez de pontos; esse exemplo não deve ser seguido. Os compositores calculam em pontos, e quantos pontos há em meio milímetro? "1½ pt." é específico; "um pouco mais" não significa nada. Compor uma folha de rosto é, em certo sentido, a "arte do ponto", na verdade do meio-ponto. "Espacejar isto" é uma instrução pouco clara. É preciso indicar com toda a clareza: "acrescentar ½ ponto no espacejamento" ou "espacejar 1½ ponto".

Pode ocorrer que a primeira prova não contenha falha sob nenhum aspecto. Mas também pode ocorrer que a prova pareça um pouco diferente do que o designer tinha em mente e que ele tenha de alterar e corrigir coisas aqui e ali. Então novas provas têm de ser solicitadas no formato certo e com a posição correta, até o título ficar pronto. Os croquis do título, e na verdade todo o material a ele relacionado, devem ser juntados ao original do texto, e as primeiras provas da folha de rosto devem chegar com as galés do texto. As páginas de especificação têm de ser examinadas e aprovadas antes que o compositor seja autorizado a prosseguir.

Mesmo quando está mais estreita e mais baixa do que a página do livro, uma boa folha de rosto, em todos os seus prolongamentos, tem de acompanhar até certo ponto as proporções do contorno da página. De outro modo não condiz com a página. Se o bloco superior da folha de rosto já é estreito, então a imprenta do editor não pode pretender ocupar toda a largura da mancha (figura 9). Freqüentemente, o bloco maior é colocado baixo demais (figura 9). Os designers dessas folhas de rosto parecem sentir que a imprenta do editor não participa da forma geral. Tal folha de ros-

Figura 14. Uma folha de rosto imaginária, bem composta, mas sem originalidade.

DIE
FÜRSTIN VON CLEVE
VON

MARIE MADELEINE

GRÄFIN VON

LAFAYETTE

IM VERLAG ZUM EINHORN

ZU BASEL

to parece frouxa e bamba. De resto, a imprenta do editor é igualmente tão visível quanto o bloco superior e, juntos, como um todo, precisam ajustar-se. É de se esperar que a linha principal esteja dentro do terço superior de uma folha de rosto e não no centro óptico! Folhas de rosto como a que se vê na figura 9 são defeituosas. Além disso, a forma longa e linear da imprenta precisa ser mudada (no original foi composta com letras em caixa-baixa, depois arruinada pelo espacejamento) porque contradiz a forma arredondada do grupo superior. Aqui, como em toda a parte, linhas de comprimento igual, uma debaixo da outra, seriam totalmente indesejáveis. Só quando o bloco superior sobe e o inferior se transforma numa linha dupla e assim se estreita é que a folha de rosto está devidamente assentada (figura 10).

É fácil solicitar entrelinhamento "adequado", mas é difícil obtê-lo. Não somente devem os espaços entre as linhas não contradizer o conteúdo como, do mesmo modo que as próprias linhas, o entrelinhamento precisa contribuir para o efeito geral. Uma vez que a maior porção de uma folha de rosto não tem nada impresso, parecem estranhos os blocos de linhas com espacejamento pequeno; o branco do plano de fundo tem de se espalhar. Margens grandes e largas exigem entrelinhamento forte, até entre linhas de tipos do mesmo corpo. Uma certa transparência da tipografia do título é geralmente desejável. De outro modo, composição e plano de fundo não se compatibilizam e não podem fundir-se numa única unidade (figuras 11, 12 e 13).

Figura 15. A mesma folha de rosto, usando letras em caixa alta e baixa não-espacejadas na linha principal. Muito melhor do que a figura 14.

DIE
Fürstin von Cleve

VON

MARIE MADELEINE

GRÄFIN VON

LAFAYETTE

IM

VERLAG ZUM EINHORN

ZU BASEL

Se, como é o caso em livros de bolso, as margens são bem estreitas, então o título não deve encher a mancha. Se o fizesse, o bloco superior ficaria alto demais e teria de ser abaixado – e a imprenta do editor teria de subir na mesma proporção! A relação proporcional entre as margens superior e inferior da página de um livro precisa estar presente também na folha de rosto.

Ademais, freqüentemente se faz necessário baixar um pouco o bloco superior (e subir proporcionalmente a imprenta do editor) quando a primeira linha é a principal. Embora sempre bem-vinda, não é em todos os momentos que se pode ter uma primeira linha mais curta, em especial quando composta num corpo menor que o da linha principal. Além disso, o nome do autor pode ser posto acima da primeira linha ou, embaixo dela, estar ligado à palavra *por*. Há ocasiões em que a palavra *por* quer ocupar sozinha uma linha. Isso destaca fortemente o eixo central da página. Outras vezes uma linha tão curta não é agradável e *por* é colocado na linha do autor, à frente do nome.

No verso da folha de rosto, costumamos encontrar informações, se não sobre o editor, a respeito da edição e do impressor (com freqüência, e erroneamente, também sobre o designer da sobrecapa, objeto que não pertence ao livro propriamente dito. Isto pode estar presente mesmo que o design nada tenha de notável ou seja, de fato, insatisfatório). Para livros muito baratos não há outra solução, já que não se encontra espaço no fim do livro. No entanto, neste caso não há razão para composição desleixada, mesmo nos livros mais baratos. Selecione um corpo bem pequeno

Figura 16. Enfim esta modalidade de tipografia capta o espírito do tempo. Mas isto não é tão simples como parece.

DIE FÜRSTIN VON
CLEVE

VON

*Marie Madeleine Gräfin
von Lafayette*

Im Verlag zum Einhorn

BASEL

da tipologia básica (sem espacejar), procure uma agradável seqüência de linhas e, para entrelinhar, utilize aproximadamente o mesmo número de pontos usado no texto. Os versaletes, levemente espacejados, de um corpo pequeno, mostram-se muito mais refinados e discretos quando se usa o entrelinhamento do texto. As palavras devem estar tão apertadas quanto possível. Uma vez que essas linhas vão aparecer na folha de rosto, convém arranjá-las de modo que encontrem grupos ou linhas do próprio título e não se estendam além deles, sempre que possível.

Ultimamente essas informações no verso da folha de rosto se avolumaram de maneira alarmante, lembrando a quase interminável lista de créditos antes que um filme realmente comece e, pelo menos por enquanto, são tão intrometidas quanto indesejadas. Os colaboradores, modestamente, deviam chamar atenção para si mesmos no fim do livro. Ser citado pelo nome no início é privilégio exclusivo do autor e da parteira do livro, o editor. Sempre fui um herege, e a minha opinião é a de que todas as outras informações devem ser relegadas a um lugar no fim do livro, depois do texto.

Considerando que a página oposta à primeira página de texto de um livro deve estar em branco, podia-se conseguir isso colocando-se o título, sem o autor, na página seguinte à de *copyright*, à maneira de uma falsa folha de rosto. Isso deixaria vazia a página da esquerda antes do início do texto. Só nos livros mais baratos encontraríamos qualquer coisa impressa aqui e, se há alguma coisa, ela deve ser apresentada com simplicidade. Lamentavelmente é esta página que

Figura 17. Folha de rosto criada pelo autor deste livro.
Solução padrão que pode ser modificada facilmente.

VIRGINIA WOOLF

A Room of One's Own

PENGUIN BOOKS

HARMONDSWORTH · MIDDLESEX

está sendo tratada sem o menor cuidado, e mostra, portanto, a verdadeira competência do designer de livro. São três os motivos pelos quais não mencionamos até agora essa eminência parda, o designer de livro. Primeiro, o editor não o aprecia. Segundo, o designer de livro é modesto demais, muito embora seja, sem dúvida, mais importante do que, digamos, o artista gráfico que projetou a sobrecapa. E, terceiro, o próprio designer não quer aparecer, pela simples razão de que, até o dia da publicação, vive com medo de que alguém ponha a perder seu trabalho. O autor teme o compositor, o impressor teme o encadernador, e o designer teme todos os quatro. Sente-se responsável. Entretanto, a despeito dos olhos de águia e da maior circunspecção, como o guarda-costas de um ditador, sabe que enganos acontecem. Tem experiência. Assim, deixa fama e vergonha para os filisteus que, em seu narcisismo ingênuo, enfileiram-se na página de informações desejando ser notados antes mesmo que uma única linha do livro seja lida.

Por outro lado, o leitor não está nem aí para quem imprimiu o livro e para tudo mais que esteja arrolado, à maneira das notícias de terremoto, no verso da folha de rosto. Todas essas informações sobre o impressor, a edição e até os nomes do editor de texto e do tradutor estarão melhor situadas no fim do livro (figura 18).

As duas últimas páginas de um livro bem feito, como as duas primeiras, devem ficar inteiramente em branco; *isso também se aplica a volumes com reproduções de obras de arte no fim.* A terceira ou quarta última página do livro é o melhor lugar para notas acerca do editor de texto, do impressor e assim por diante (figura 18), e aqui se deve men-

Figura 18. Cólofon no fim do livro mostrado na figura 12.

Die Originale
der abgebildeten acht Spitzenbilder gehören
Jan Tschichold in Basel,
der auch die Zusammenstellung der Gedichte,
die Typographie und den Entwurf
zum Einbande dieses Buches
besorgt hat.
Die typographischen Zieraten sind
einem Straßburger Druck aus dem Jahre 1764
entnommen.
Satz und Druck der Buchdruckerei
H. Laupp jr, Tübingen.
Fünffarbenätzungen und Druck der Abbildungen:
Graphische Kunstanstalten F. Bruckmann KG,
München.
Werkdruckpapier von
Robert Horne & Co. Ltd, London.
Kunstdruckpapier von der
Papierfabrik Scheufelen, Oberlenningen.
Buchbinderarbeiten
von Willy Pingel, Heidelberg.
Erstes bis sechstes Tausend.
1957

cionar também o ano de publicação, caso tenha sido retirado da folha de rosto.

E agora voltemos à folha de rosto. A figura 14 mostra a folha de rosto impecável de um livro imaginário. O tipo básico é de Jannon, *i.e.*, "Garamond". O fato de ser tipograficamente sem defeito não implica que seja uma folha de rosto boa, perfeita. Essa folha de rosto, tendo o "Garamond" como a família de tipos básica, seria correta se tivéssemos em mãos alguma espécie de romance. Mas este romance é diferente. Escrito em 1678, é o mais antigo romance europeu que temos e, como o primeiro romance japonês, *Genji*, 670 anos mais velho, é obra de uma mulher. O livro requer uma certa atmosfera tipográfica e devia ser composto no Kis ("Janson") romano ou, quase ainda melhor, num Fraktur do tempo de Lutero. A figura 15 mostra a primeira tentativa de montar uma folha de rosto "Janson" para o livro. Melhor, mas a atmosfera da época ainda não foi captada plenamente, e a figura 16 apenas começa a aproximar-se de uma boa solução. Não estamos lidando aqui com o historicismo da década de 1880, mas estamos tentando fundir o estilo da época por volta de 1678 com as legítimas expectativas da forma de hoje. Ir atrás das últimas novidades é infantil. Livros não são artigos da moda. Uma folha de rosto para esse livro "no espírito do presente", um tempo de móveis ergonômicos de aço, carrocerias aerodinâmicas e satélites em órbita, só poderia ser o produto monstruoso de um bobo ignorante. A figura 19 mostra a solução final de uma tarefa semelhante, uma interpretação tipográfica do clima da obra.

Figura 19. Folha de rosto criada pelo autor deste livro, 1943. Composta em Caslon. Decoração monocromática.

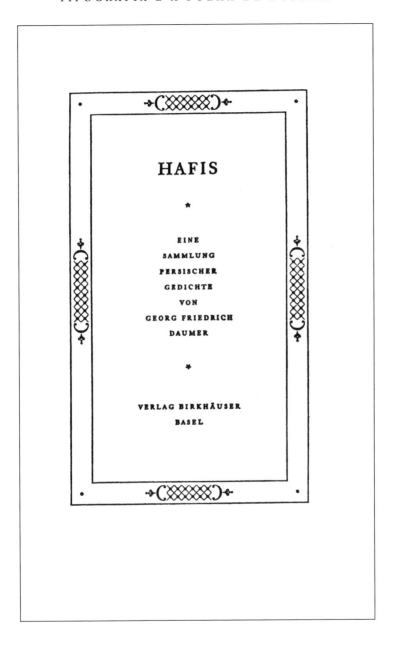

Habitualmente, porém, já ficamos satisfeitos se uma folha de rosto não agride a mente e o olho, se está em consonância com os requisitos básicos especificados para uma boa forma, harmoniosa e saudável; e, especialmente, se cai bem na página. *Videant sequentes**.

---

* Que sejam as que seguem – N. da R.

Normas da Casa para Composição: As Instruções Permanentes do Editor para o Compositor

A COMUNICAÇÃO entre editor e compositor às vezes pode ser difícil se o compositor ainda trabalha segundo normas que não atendem aos requisitos da boa composição. É a qualidade da composição que determina a aparência do livro. Mesmo que o tipo não seja particularmente primoroso, pode-se obter um bom efeito quando se observam as boas práticas. Por outro lado, até a mais bela letra será arruinada se o espacejamento for demasiado aberto e se não se der atenção aos pontos mais delicados da boa composição. As diretrizes que seguem asseguram um bloco de texto sem falhas. O editor não se decepcionará se fizer com que seus compositores as observem.

Não são abordadas questões de entrelinhamento, de altura da página, de proporção entre a largura do bloco de texto e a da mancha em relação com o formato do papel. A natureza complexa desses assuntos não permite considerá-los sob a forma de diretrizes resumidas e, por isso, são abordados em outras partes deste livro.

Diretrizes

O espacejamento de um terço de quadratim deve ser usado em todos os títulos e especialmente na composição do texto. É preciso ter o cuidado de fazer com que os espaços entre as palavras de uma linha sejam opticamente iguais, sobretudo quando a composição é manual.

Depois do *ponto* no fim de uma frase ou abreviatura, o espaço deve ser o *normal* usado entre as palavras da linha. Só em linhas largamente espacejadas é permitido deixar um claro maior e, neste caso, vírgulas e hífens devem ser tratados do mesmo jeito. Entre palavra e parênteses deve haver espaço, exceto antes de A, J, T, V, W, Y, depois de ponto e em linhas com espacejamento fechado.

Vírgulas e pontos após letras e abreviaturas, como *i.e.*, etc., ou C.F. Meyer, requerem espacejamento *reduzido*.

Títulos e blocos de título devem ser compostos sem ponto no fim.

Nunca espacejar letras em caixa-baixa. Em vez de espacejamento, usar itálico.

Letras em caixa-alta devem ser espacejadas com muito cuidado (para corpos acima de 8 pontos, usar pelo menos 1½ ponto). É melhor mantê-las um pouco folgadas do que apertadas demais.

Utilize sempre um *quadratim* no recuo de parágrafo. Recuos maiores, que não são nem mais salientes nem mais bonitos, só devem ser usados se as linhas forem excessivamente compridas. Se o recuo é grande demais, pode acontecer que a linha quebrada seja mais curta do que o recuo seguinte.

Só se deve usar o *travessão de um quadratim* (travessão m) em composição tabular, como tabelas de preços. Em todos os outros casos, use travessões mais curtos (de meio-quadratim, travessão n). Não substitua o travessão por hífen (¼ de quadratim).

Na composição em romano convém usar como regra *guillemets* simples ‹ ›, ou aspas francesas. Estas devem ter a mesma forma em todo o trabalho. Salvo em linhas apertadas, devem ser separadas da palavra por espaço fino.

Apenas citações dentro de citações requerem aspas dobradas: " "*.

Compor *algarismos elevados* com caracteres da fonte básica. Nem no texto nem na própria nota de rodapé o algarismo ou o asterisco deve ser posto entre parênteses. Entre a palavra e o elevado subseqüente deve haver um pequeno espaço.

As *notas ao pé da página* são separadas do bloco de texto ou por um espaço, nunca menor do que o espacejamento geral das linhas do texto, ou por um fio fino.

Não substituir maiúsculas tremadas, como Ä, Ö, Ü, por Ae, Oe, Ue (Ärzte, Äschenvorstadt).

Em *numerais,* usar a vírgula só para marcar a parte decimal. Espacejar mil e seus múltiplos usando espaço fino em vez de infundadas vírgulas ou pontos. 300,000 significa trezentos, não trezentos mil. Trezentos mil deve ser composto assim: 300 000. Não usar pontos para separar mil e seus múltiplos. Uma vírgula indica sempre uma parte decimal: 3,45 m; 420,500 kg. O *tempo,* todavia, é diferente. É 2:30 h. Ao compor números de telefone, é melhor separar os grupos com pequenos espaços do que com um ponto: 3 281 711.

---

* O uso no Brasil é geralmente o inverso: aspas duplas (" ") são utilizadas para citações e, para citação dentro de citação, aspas simples (' '). – N. do E.

Como Deve ser uma Página-modelo

Quando planeja um livro, o editor quer ver provas fornecidas por seu compositor. Uma vez aprovadas, após várias idas e vindas, elas servem como protótipos obrigatórios para o compositor e o impressor.

Portanto, é necessário preparar as páginas-modelo com o máximo cuidado. Por exemplo, a altura da página deve estar perfeitamente clara. Se vão ser usados dois corpos de tipo, então terá de ser inteiramente composta uma página no corpo dominante para determinar a altura exata da mancha. Não deve haver intertítulos nesta página. Sempre deve ser apresentado um par de páginas, uma página dupla. Isso não apenas revela o efeito geral do livro, como também proporciona a oportunidade de mostrar o começo de um capítulo. Isso é importante tanto para o compositor manual como para o operador de teclado. É melhor colocar o início do capítulo à esquerda e a página de texto corrido à direita. Um livro tipograficamente muito complexo exige três, quatro ou até sete páginas-modelo, porque toda e qualquer caprichosa peculiaridade de composição deve ser observada.

Só após o compositor ter preparado as páginas-modelo é que pode calcular-se o trabalho. De outro modo, pode haver discrepância entre o volume e o plano. Não convém deixar a concepção geral para os procedimentos teóricos no escritório. "A composição foi calculada de antemão" não é desculpa para um livro feio.

> Folha de Composição
> 2ª proposta – 2 de setembro de 1965
>
> *Livro:* Gottfried Keller, Der grüne Heinrich
> *Editora:* Zum Venedig, Basiléia
> *Impressor:* Jakob Schnellhase, Basiléia
>
> ---
>
> *Tamanho da página refilada:* 17,3 cm por 10 cm; 6 ⅞ pol. por 4 pol.
> *Fonte básica:* Monotype Centaur 252, 10 sobre 11, 18 cíceros, 31 linhas
> *Margem interna por página:* 2 cíceros
> *Margem superior refilada:* 2 cíceros
> Ä, Ö, ä, ö, ‹ ›. Travessão de meio-quadratim! Grifo em vez de espacejamento. Espacejamento da palavra após o ponto final.
> *Volume estimado:* 576 páginas; incluindo oito páginas para falsa folha de rosto (= página 1), folha de rosto e prefácio, mais duas páginas para o sumário no fim do livro. Novos capítulos a serem apensos.

A composição das provas deve merecer o mesmo cuidado que se tem com um trabalho normal. Quando nelas há erros tipográficos, o impressor tende a perder a confiança no revisor de provas. Se o editor faz questão de que sejam usadas suas diretrizes, estas têm de ser seguidas ao pé da letra e os pontos mais importantes devem ser expostos na primeira página.

Se a obra contém notas de rodapé, é necessário fornecer um exemplo detalhado e complexo.

O formato refilado, a medianiz e a margem superior têm de ser absolutamente exatos. Um bom impressor deve ter a ambição de entregar ao editor provas sem defeitos.

Em particular o papel, se disponível, deve ser o mesmo que o da edição que está sendo planejada. Se o papel escolhido ainda não está à disposição, o papel das provas há de ter pelo menos uma textura superficial que corresponda de perto ao produto final.

Além disso, a impressão deve ser de primeira classe: nenhuma sovinice no preparo e na finalização, e a intensidade da tinta deve estar ajustada de modo a se adequar ao papel e à fonte. É preciso que as páginas não pareçam nem escuras nem pálidas demais. São essas provas que o mestre impressor usará como guia mais tarde.

Quase sempre o impressor entrega apenas uma página simples, e lastimável, talvez até com uma última linha curta no pé, a fim de desfigurar a margem inferior. Provas de verdade consistem em mais do que o par de páginas mínimo; as informações tratadas na página anterior devem vir impressas na página um de uma prova decente de quatro páginas. Com esta em mãos, tudo estará claro para o compositor, o mestre impressor e, especialmente, para os eventuais empregados e operários da oficina.

Páginas-modelo de 10,9 × 17,25 cm, em vez de 11,0 × 17,3 cm, podem suscitar dúvida de que o tamanho *correto* não seja 10,9 × 17,25 cm. Ademais, a cada nova tentativa, é preciso calcular outra vez o volume. Nem sempre é com a primeira tentativa que o editor concorda. Todas as tentativas devem ser numeradas e datadas consecutivamente.

Além disso, é aconselhável fixar permanentemente as

larguras da medianiz e da margem superior das páginas-modelo a fim de evitar algum percalço mais tarde.

O impressor deve fazer um número suficiente de provas. Pelo menos quatro irão para o cliente e as quatro seguintes ficam guardadas em seu próprio porta-fólio.

Só quando todas essas instruções são fielmente seguidas há uma probabilidade razoável de que o livro acabado satisfaça o cliente e todos os que participam da sua produção.

Conseqüências da Composição Cheia

A COMPOSIÇÃO cheia, em geral chamada, sem muita correção, de composição a um terço de quadratim, leva necessariamente a uma revisão das regras formuladas no século XIX, a que ainda se costuma aderir por força do hábito. Muitas dessas regras antigas colidem a tal ponto com a composição cheia, que se terá de tomar uma decisão; não há acomodação possível entre as duas.

As razões para a composição cheia baseiam-se na experiência óptica segundo a qual o velho espacejamento de meio-quadratim tende a desmembrar as palavras de uma frase e dificultar a compreensão. Redunda numa imagem de página que é agitada, nervosa, salpicada de neve. As palavras de uma linha estão freqüentemente mais próximas de suas vizinhas de cima e de baixo do que daquelas que estão à esquerda e à direita. Perdem sua associação óptica significativa.

O espacejamento de Gutenberg e o que prevalecia nos séculos XV e XVI era ainda mais apertado do que o exigido hoje. Era mais fino do que a largura de um i e podíamos quase chamá-lo de espacejamento de um quarto de quadratim. Sem dúvida, um compositor daqueles tempos tinha – e aproveitava – a oportunidade de abreviar palavras à vontade. Eis a razão por que alguns incunábulos, bem como livros italianos e franceses do século XVI, mostram um bloco de texto de inimitável perfeição.

A língua ideal para o tipo romano é o latim, para o qual foi criado. Os textos alemães contêm palavras longas e, na ortografia corrente, mostram acumulações de letras maiúsculas que são quase barrocas; conseqüentemente, é bem mais difícil compor um texto alemão do que um texto inglês. De todas as línguas vivas, o inglês é o que oferece a imagem tipográfica mais homogênea. O inglês precisa de poucas letras em caixa-alta e de absolutamente nenhum acento; e as palavras são curtas.

Quanto às línguas românicas de hoje, já não são tão fáceis de compor como sua mãe latina. Usam acentos e letras como z, j e k, que, no fundo, nada têm a ver com o romano. Por outro lado, lembram o latim e não carregam o pesado fardo de incontáveis letras maiúsculas, como o alemão.

Mais do que em outras línguas, os extensos vocábulos de uma frase alemã impõem a necessidade de hifenizar palavras. Embora ainda seja possível realizar uma boa composição cheia em trabalhos franceses e ingleses, com hifenização e tudo, e até empregar as regras de hifenização do século XIX, o alemão requer um outro tratamento. A composição cheia em alemão exige relaxamento das regras e abolição total daquelas que tratam da chamada "hifenização imperfeita". *É impossível produzir uma composição cheia e ao mesmo tempo evitar a hifenização imperfeita.* O resultado seria uma mistura de linhas cheias, não tão cheias e completamente abertas. Nem sempre, se a composição tem de ser cheia e uniforme, é fácil observar outra regra alemã: não hifenizar no final de três linhas seguidas.

A composição cheia exige que o espacejamento após um ponto final seja igual ou, em certas circunstâncias, até mais estreito do que se observa entre as palavras. As regras mais antigas acerca do espacejamento ampliado (freqüentemente parecido com um buraco branco) no fim de um parágrafo devem afinal ser abandonadas. Se os pontos deixam de merecer atenção especial, isso também facilita a vida de quem realiza a composição mecânica.

A composição cheia também influi sobre a composição da página. A regra que diz que uma linha quebrada ou viúva não deve começar uma nova página nem sempre é aceitável na composição cheia. Na verdade, essas linhas não são bonitas, mas como evitá-las quando não se pode inserir coisa alguma nem botar nada fora? (Cf. também as páginas 169-171.)

No atual estado das coisas, uma primeira linha no pé de uma página – uma viúva – não é considerada erro. Seria ultrapassar os limites exigir que essas linhas desaparecessem. Na maioria dos casos, seria preciso pedir ao autor que ajudasse com acréscimos e eliminações. Isto significaria estabelecer o predomínio da forma sobre o conteúdo, coisa que um bom compositor não deve estimular nem exigir.

Por que os Inícios de Parágrafo Devem Ser Recuados

Ao anotar uma seqüência de pensamentos, o autor arranja-os na forma de frases que se agrupam. Esses grupos de frases são seguidos por uma pausa, um corte. O pouco atraente símbolo atual de seção § não é mais do que uma variante pobre do símbolo medieval ¶, que originariamente podia também aparecer no meio de linhas corridas e era colorido. Significava o início de um novo grupo de frases. Na Idade Média tardia, tais grupos de frases eram introduzidos com a abertura de uma nova linha, mas permanecia o hábito de começar o novo grupo com o símbolo de parágrafo, geralmente colorido. Alguns dos primeiros impressores chegaram até a fundi-lo numa espécie de tipo e imprimi-lo em preto. Anteriormente, porém, era inserido à mão, em vermelho, pelo *rubricator* (ofício cuja denominação deriva da cor *rubrum* = vermelho). O espaço para o símbolo tinha de ser deixado em branco pelo compositor. Muitas vezes, no entanto, a rubricação não acontecia, e descobriu-se que o recuo de um quadratim, como designamos hoje este espaço vazio, era por si só suficiente para definir um novo grupo de frases, mesmo sem o símbolo vermelho.

Este é o caso ainda hoje. Até agora não se encontrou um artifício mais econômico ou mesmo igualmente bom para indicar um novo grupo de frases. Não faltaram tentativas, porém, de substituir um velho hábito por um novo. Mas destruir alguma coisa velha e substituí-la por alguma coisa nova, esperando que ela se firme, só faz sentido se, primeiro, houver necessidade disso e, segundo, se o novo artifício for melhor do que o antigo.

Não se pode dizer isso da composição sem recuos, embora o novo hábito se espalhe. Também ele tem uma história, ainda que curta. O desejo de simplicidade da nossa época é uma reação ao estilo florido e ornamentado de nossos avós, freqüentemente expressa numa procura mórbida por simplificações. Tal confusão de idéias pode ter graves conseqüências. Na virada do século, alguns impressores ingleses suspenderam o uso do recuo, um maneirismo impensado, que até hoje achou poucos imitadores na Inglaterra. Mas na Alemanha jovens editores o acolheram. Um respeitadíssimo editor, então atuando em Leipzig, mandou compor muitos de seus livros sem recuos, contribuindo bastante para a propagação dessa duvidosa prática. Se não houvesse nenhum outro jeito, até que poderia funcionar, desde que o leitor, o revisor de provas e o compositor fizessem todo o possível para encontrar um modo de quebrar a linha anterior (de maneira mais generosa do que abrindo um claro de apenas dois ou três pontos tipográficos!). No entanto, na composição colunar de segunda classe de jornais, revistas e material livresco impresso, essa modalidade de composição, que não é de modo nenhum mais barata do que usar recuos de um quadratim, torna-se inteiramente perigosa.

Em jornal é comum colocar dois ou mais pontos de entrelinhamento entre parágrafos, em parte porque os jornais não dispõem de tempo para um acabamento cuidadoso como o dos livros. Mas essa prática não é exemplar.

O compositor de jornal simplesmente não tem tempo de providenciar para que a última linha de cada coluna tenha uma quebra visível, *i.e.*, um espaço em branco e vazio no fim. Às vezes acontece que uma linha perto do meio de um parágrafo termina por um ponto final nítido. O compositor vê esses pontos e aumenta o espacejamento, que assume o papel de um recuo. Cometeu um engano? Não há tempo para ler o conjunto. Isso tampouco preocupa o revisor de provas, que lê apressadamente, pronto para localizar erros tipográficos. O tempo presssiona-o também. Resultado: obtemos grupos de frases que foram gravadas erroneamente e coladas sem consideração pelo sentido. Além disso, o espacejamento irregular e erradio estraga a aparência do bloco de texto. É óbvio que apenas para o leitor sério tudo isto é simples e evidente.

Ademais, mesmo quando o compositor, o leitor e o revisor de provas de um livro sem recuos fazem todo o possível para forçar artificialmente a quebra na linha que precede um novo parágrafo, nem mesmo como equipe eles são tão infalíveis para que, em alguma parte, esses indícios artificiais e indiretos não sejam esquecidos.

Livros são impressos para leitores que, no fim de uma linha, são um pouco mais lerdos que no começo. Inícios "abruptos" de parágrafos tendem a criar em quem os lê a impressão de que tudo na página está ligado de maneira ajuizada, de que está lendo um único parágrafo. Mas um bom escritor escolhe suas divisões de parágrafo com grande premeditação e quer que sejam reconhecíveis como tais. A composição sem recuo torna difícil para o leitor compreender o que foi impresso. E essa é sua desvantagem mais importante. Embora os começos bruscos pareçam dar uma impressão uniforme e consistente quando comparados com a composição normal, esta impressão sofre a contrapartida de uma grave perda de compreensão. E a compreensão é definitivamente necessária se queremos pensar num livro como meio ideal de apresentar uma seqüência de pensamentos. A compreensão tem de começar à esquerda, no princípio de uma linha, e não no fim, onde paramos de ler. Que maçada ainda ter de explicar uma coisa tão óbvia!

Há apenas um lugar onde um recuo é desagradável ao olhar e não faz sentido algum: embaixo de um título *centrado*. O primeiro parágrafo deve começar sem recuo. Um título que tenha sido deslocado para a esquerda pede um recuo da seção seguinte.

De passagem, mencionarei mais dois métodos insatisfatórios de marcar indiretamente um parágrafo: compor sem recuos, separando as seções por linhas em branco, as quais causam flagrantes interrupções e, às vezes, deixam o leitor em dúvida se de fato a nova página começa por um novo parágrafo; e linhas quebradas que foram alinhadas à direita, um incômodo irritante e mais uma vez apenas um meio sinuoso de fazer as coisas.

Só há na verdade um método claro, tecnicamente infalível, muito simples e econômico, de marcar o início de um parágrafo, que é o recuo. Regra geral usa-se um quadratim, o quadrado do corpo do tipo (*i.e.*, 10 pontos numa fonte de 10 pontos), mas pode haver exceções, e poderia ser um pouco menor ou, em certas circunstâncias, até um pouco maior. Não é provável que um compositor esqueça um recuo. Seguramente um revisor de provas há de notá-lo, e nenhum leitor vai perdê-lo. De forma alguma é verdade que a composição com recuos de um quadratim é menos bela. Compor sem recuos apenas parece mais simples, mas custa o alto preço da perda de compreensão, que é um dos atributos da beleza tipográfica. O fato de hoje vermos com muita freqüência inícios de parágrafo alinhados à esquerda não demonstra conclusivamente que são bons.

Recentemente, muitas obras literárias bem como livros científicos foram compostos sem recuos. Uma tendência iniciada na virada do século e que quase se tornou uma regra. As pessoas não parecem notar a falta de inteligibilidade provocada por essa apresentação inarticulada. Este é um indício do respeito cada vez menor pela palavra e pela letra. O diretor de uma revista de especial interesse chegou a pensar que a composição *com* recuos era algo novo e ainda precisava provar sua utilidade. Enganou-se. A composição *com* recuos é que provou sua validade por mais de quatrocentos anos. Só na Alemanha e na Suíça a gente encontra freqüentes desvios dessa prática. Na Inglaterra, na França, nos países escandinavos e nos Estados Unidos, a "gagueira" dos parágrafos alinhados à esquerda é uma rara exceção, usada principalmente em impressos produzidos sem cuidado.

A composição normal, antiquada, com recuos é infinitamente melhor e mais inteligível do que uma composição uniforme e alinhada, com parágrafos começando sem claros de entrada. Simplesmente não é possível melhorar o velho método. Foi provavelmente uma descoberta acidental, mas apresenta uma solução ideal para o problema. É de se esperar que os editores e compositores sérios logo encontrem o caminho de volta para esta velha solução.

Uma pequena porção da culpa pela propagação do hábito de alinhar à esquerda deve caber também aos datilógrafos. Em cartas e originais datilografados são comuns os parágrafos alinhados à esquerda, em vez do definido e sempre reconhecível recuo de entrada, e usam-se linhas em branco para separar parágrafos. As escolas técnicas de comércio – absolutamente incompetentes quando se trata de tipografia

– ensinam que os recuos estão fora de moda e que os inícios de parágrafo justificados à esquerda são "modernos". Esta é uma opinião incorreta e nada profissional. Seria bom que tais escolas voltassem ao velho método. Um recuo de três ou quatro letras é mais do que suficiente.

Grifos, Versaletes e Aspas em Livros e Publicações Científicas*

Uma Pequena História

O INÍCIO da diferenciação tipográfica remonta ao barroco. Aqui encontramos o grifo usado dentro do texto em romano como meio de diferenciação. Os livros em alemão, na época compostos sem exceção em tipo gótico, seguiam a moda de distinguir palavras estrangeiras compondo-as em romano. As sílabas da raiz de palavras estrangeiras com terminações alemãs eram compostas em romano mas as terminações em si, em Fraktur.

No século XVIII, desenvolveram-se algumas regras fixas para esse tipo de composição mista, em especial para livros científicos. Há, e sempre houve, publicações cujo texto se beneficia e torna-se mais lúcido e completo se a ele se aplica alguma espécie de diferenciação tipográfica. Não podemos deixar de invejar a composição feita por Immanuel Scheller da *Ausführliche lateinische Sprachlehre* (*Gramática Latina Pormenorizada*), Leipzig, 1782 (ver ilustração). A fonte básica desse livro é o Fraktur da época. As versões para o alemão foram compostas em Schwabacher. J.F. Unger (1753–1840) usou essa bela e robusta escrita

---

* Diversos parágrafos esparsos e uma seção inteira dedicada ao estilo bibliográfico foram omitidos da tradução deste ensaio. As passagens suprimidas focalizam exclusivamente a prática tipográfica na Alemanha e pareceu inútil repeti-las numa outra língua que não a alemã. – RB

II) Jn allgemeinen Sätzen, die sich im Deutschen mit Man anfangen, als man sagt, glaubt, ist 2c. wird 1) die dritte Personalendung *numeri pluralis* ohne einen Nominativ gebraucht, als aiunt, dicunt, man sagt, wobey homines fehlt. Auch kann *philosophi, rhetores, oratores cet.* fehlen, wenn von einer solchen Materie die Rede ist: als virtutem *praecipiunt* propter se ipsam esse amandam man sagt, man müsse die Tugend um ihrer selbst wegen lieben: eigentlich sie sagen scil. philosophi. Wir sagen im Deutschen auch:

em meio-preto. (Os genuínos caracteres Fraktur meio-pretos apareceram no século XIX.) Mas o Schwabacher tinha má aparência, na opinião de Unger, que o expulsou das paletas das oficinas tipográficas, substituindo-o, como meio de diferenciação no Fraktur, pelo espacejamento das palavras, legado que hoje tratamos de eliminar. Eis a razão por que encontramos como realce, em textos em romano, em lugar do grifo, palavras interespacejadas, mas só na Alemanha, na Suíça e na Áustria. O romano não deve ser interespacejado em lugar nenhum, exceto no caso de letras em caixa-alta e versaletes.

Scheller, em 1782, empregou romano e grifo em palavras latinas. O invejável autor e compositor tinha à sua disposição quatro fontes diferentes do mesmo corpo para quatro categorias de palavras. Parece que os versaletes eram então ainda mais escassos na Alemanha do que o são hoje. De outro modo, Scheller poderia tê-los usado também, se isso se tornasse necessário. Mas não havia necessidade; e, de qualquer modo, nenhum autor deveria usar mais de quatro fontes diferentes em qualquer texto. Numa gramática, uma quantidade maior pode ser apropriada, mas nunca em outro livro, por mais científico que seja. Um tipógrafo de hoje, diante da tarefa de compor uma gramática em romano, contaria só com três variedades de tipo, a saber, romano, grifo e versaletes. A necessidade de mais uma variedade o obrigaria a utilizar letras em meio-preto. (Tivesse ele usado um sem-serifa como fonte básica, estaria perdido ainda mais cedo.) E quão mais bonita é a combinação Alte Schwabacher e Breitkopf Fraktur do que a Garamond e Garamond meio-preto! Em seu livro de gramática, Scheller apresenta com perfeição a diferença entre alemão e latim mediante o emprego inteligente de formas contrastantes, Fraktur e Schwabacher de um lado, romano e grifo do outro. Tivesse o livro de gramática sido composto em romano, as palavras em latim não se destacariam como se destacam. Compor um livro de gramática é de fato uma tarefa difícil. Enquanto continuamos a nos privar do uso do Fraktur, não podemos simplesmente realizar um trabalho tão bom como o de um compositor do século XVIII.

Isso demonstra mais uma vez que, ao perder o Fraktur, perdemos um tesouro. Os impressores de outras línguas teriam nos invejado, se ao menos tivessem sabido. É pena que, de vez em quando, o Fraktur seja combatido com unhas e dentes por um lado e louvado por outro, com ambos usando argumentos irrelevantes; ninguém fala da especial aptidão de Fraktur e Schwabacher para as palavras extensas, tão freqüentes na ortografia alemã, da compacidade poupadora de espaço, que tem suas raízes na arte de compor especificamente alemã e transalpina*. Basta ler Jeremias

---

* Infelizmente não consigo encontrar um adjetivo mais apropriado do que este. Certos indivíduos, no passado recente, conferiram má reputação à locução "centro-europeu"; tampouco ela se ajusta corretamente. Traduzida ao

Gotthelf, Gottfried Keller, os poemas de amor de Mörike e Goethe, ou *Des Knaben Wunderhorn,* compostos em romano, para sentir que todos eles podem ser inconvenientemente *vestidos* com esmero. Mas isto é só um aparte. Em meados do século XIX, diante da tarefa de compor em romano um livro técnico semelhante ao de Scheller, o tipógrafo era compelido a recorrer ao meio-preto além do grifo e dos versaletes.

O grifo deriva da escrita epistolar humanista. É um parente do romano, com freqüência tende a ser mais estreito, é inclinado para a direita, faz-se notar sobretudo por causa desse contraste direcional e, dentro da cor geral da página, não irrita mais do que o necessário para sua função. Versaletes são letras na forma de caixa-alta mas quase do tamanho do n caixa-baixa. Os punções autênticos de Garamond, vistos no catálogo frankfurtiano de tipos de Conrad Berner (1592), já incluem versaletes em cinco corpos.

Convém que palavras-chave a serem destacadas sejam compostas em grifo. Versaletes continuam a ser o domínio de nomes de pessoas e, às vezes, de lugares também. Desde meados do século XIX, em países que usam o romano, surgiu um certo número de regras úteis, e geralmente obrigatórias, que temos de adotar e aprender se queremos empregar o romano corretamente. Seria absurdo criarmos nossas próprias regras. As existentes provaram sua utilidade ao longo do tempo e podemos adotá-las sem problema. Além disso, o respeito pelos leitores de outra língua nos proíbe de

---

pé da letra,"transalpina" quer dizer "além dos Alpes". Os romanos cunharam a palavra, daí seu sentido para eles: "norte dos Alpes". Inversamente, "cisalpina", literalmente "este lado dos Alpes", significa, da perspectiva italiana, "sul dos Alpes". – JT

fazer coisas diferentemente do resto do mundo. Portanto, não temos liberdade de usar grifo e versaletes da maneira que quisermos. É tempo de deixarmos para trás os sapatinhos de bebê e aprendermos a usar o grifo e os versaletes da maneira correta. Até agora isto raramente foi feito.

Onde o Grifo, Onde os Versaletes?

Nem grifo nem versaletes devem ser usados, mesmo em livros escolares, se tudo o que fazem é atuar como sinais, como meio de organização sinóptica. (Se tais sinais são absolutamente necessários, um asterisco em negrito antes das palavras-chave farão o serviço.) Na verdade, versaletes e grifos não devem servir para destacar uma palavra mas antes para clarificá-la e diferenciá-la do resto. A "rubricação" do texto é feita com os diferentes níveis de títulos e ocasionalmente com as notas marginais. Os parágrafos indicam uma interrupção no fluxo do pensamento. Só nos casos mais raros é permissível compor em grifo uma palavra ou uma frase, quando é para ser falada um pouco mais alto do que o resto. Como revela a palavra alemã *Schriftsteller* (um escritor, literalmente um *colocador de palavras*), é inerente à arte da escrita destacar uma palavra-chave por meio da correta colocação dentro de uma frase. A composição em negrito de trechos de frases ou de frases completas, que viceja em alguns jornais, e mesmo a obsessão por realçar quase metade das palavras de um texto, não ajuda o leitor em coisa alguma. Ele quer compreender e, em vez disso, é levado a sentir-se mentalmente debilitado. Por outro lado, compor tudo num só corpo e não usar grifo em nenhuma circunstância denuncia uma reprovável falta de cortesia com o leitor e é, de fato, muito pior do que o emprego de excessivas variações de fontes.

A primeira finalidade do cursivo é delinear os nomes de livros, revistas, obras de arte, casas e navios que aparecem no texto. Por esse motivo, essas palavras não recebem aspas. É também aconselhável definir palavras e proposições em idiomas estrangeiros usando o grifo em lugar de aspas. Esta é uma regra estabelecida nas ortografias inglesa, francesa e em muitas outras.

Os versaletes *sempre* exigem leve espacejamento; de outro modo perdem toda a legibilidade.

Nas bibliografias, deve-se compor os nomes dos autores em versal-versalete e os títulos dos livros, em grifo. Os nomes dos autores de artigos de revistas também devem ser compostos em versal-versalete, os títulos dos ensaios em romano e os títulos das revistas em grifo. (Revistas são livros.)

Nomes próprios pouco conhecidos, assim como vocábulos incomuns ou os usados com restrição ou em sentido figurado, como *Hurenkinder* (literalmente "filhos da puta", viúvas no sentido tipográfico), podem ser compostos entre aspas em romano, não em grifo. Uma expressão rara que pode necessitar de explicação provavelmente terminará entre aspas também.

As citações são compostas em romano e levam aspas.

Essas regras correspondem ao método inglês e francês e são internacionalmente válidas. Seu uso deve ter preferência sobre a arbitrariedade, tão freqüente em livros de língua alemã.

Preferiria não falar do tipo negrito; devo insistir em preveni-los urgentemente contra o emprego desses caracteres, exceto em glossários e assemelhados. Só funcionam para atrair nossa atenção e não servem para diferenciar.

Se, talvez num prefácio, o grifo é o tipo básico, utiliza-se então o romano para destaque, não o grifo interespacejado.

Há pessoas que rejeitam qualquer espécie de diferenciação num texto. Dizem que isso causa perturbação. Mas essas pessoas jogam fora o bebê com a água do banho. Ninguém olha para um bloco de texto simplesmente por olhar; o que se quer é poder lê-lo. Uma pequena irritação aqui e ali não só facilita a compreensão da palavra escrita como também aviva agradavelmente a página. A perpétua chateação causada por aspas em vez de grifo não é nada agradável. Aspas têm seu lugar – de fato diversos lugares! Mas o emprego adequado de grifo, versaletes e aspas num livro requer rigorosa autodisciplina do autor e do editor, e alguns autores não gostam de praticar a autodisciplina.

Versaletes Autênticos e Falsos

Somente fontes usadas para imprimir livros vêm com um complemento de verdadeiros versaletes, mas não todas. Um verdadeiro versalete é um pouquinho mais alto do que o n minúsculo, foi projetado e fundido especialmente para a fonte de uso geral, e tem forma diferente da de uma letra em caixa-alta. É um pouco mais largo e mais robusto do que uma maiúscula correspondente.

Uma oficina de composição sem verdadeiros versaletes tem de se contentar com letras maiúsculas de corpo pequeno. Isso raramente parece satisfatório. As letras substitutas são ou um pouquinho grandes demais ou um tantinho pequenas demais, e sempre parecem ligeiramente anêmicas em comparação com as letras comuns da fonte básica. Ademais, misturar dois corpos da mesma fonte numa linha é inconveniente, sobretudo quando isso acontece muitas vezes.

Versaletes autênticos nos corpos 6, 8, 9 e 10 dão a um compositor vantagens adicionais que podem ser importantes. Versaletes de seis pontos são ao mesmo tempo diminutos "caracteres em caixa-alta" que podem ser utilizados para trabalhos superiores de impressão. Além disso, em vez de apenas quatro corpos em caixa-alta, agora tem-se à mão oito na mesma fonte, seleção que oferece sutil gradação. Possuir versaletes autênticos é uma obrigação da oficina bem equipada.

6 VERSALETES	6 VERSAIS
8 VERSALETES	8 VERSAIS
9 VERSALETES	9 VERSAIS
10 VERSALETES	10 VERSAIS

Aspas

Primeiro e principalmente, é o discurso que é envolvido pelas aspas. Não é estritamente necessário fazer isso, nem é bonito, mas fica mais evidente do que compor sem esses sinais. Aspas não são obviamente exigidas naqueles romances inflados, onde falas e réplicas sempre formam um novo parágrafo. A interrupção, em especial quando assinalada por um recuo, mostra claramente que alguém mais está falando. Aspas são distintivas, mas não contribuem exatamente para a beleza tipográfica: este é o meu julgamento.

Há mais de uma espécie de aspas. No Fraktur nos deparamos com os pés-de-ganso alemães: duas vírgulas no início, duas vírgulas invertidas no fim: „ıı". Nem sequer um pequeno espaço entre palavra e símbolo! Diga-se o mesmo do romano, em que (naturalmente) se usam vírgulas romanas. Como os pés-de-ganso, vêm aos pares. Gostaria de ressaltar que, em alemão, os pés-de-ganso no fim devem ser vírgulas invertidas (") e não em pé ("), que formariam um duplo apóstrofo.

Depois há os pés-de-ganso ou pés-de-pato franceses, *guillemets* («n»). Não devem ser usados com o Fraktur. Em rigor, apenas eles merecem o nome de pés-de-ganso porque, parece-me, a variedade alemã não apresenta semelhança com as pegadas de um ganso. Na Alemanha os *guillemets* apontam para dentro: »n«; na Suíça apontam para fora: «n». Exceto antes de letras um tanto fornidas – A, J, T, V, W – e depois de pontos, devem ser compostos sempre com algum espacejamento.

Usar pés-de-ganso franceses ou alemães em texto alemão composto em letras romanas é questão de escolha.

O assunto torna-se mais intricado quando nos damos conta de que não é a mesma coisa envolver uma fala entre aspas ou introduzir um termo ou palavra inusitada. Algumas pessoas trocam os estilos aqui. Usam ambas as modalidades, «n» e „n". Outras usam metade do par a fim de introduzir o incomum, assim ‹n› ou ‚n' (não ‚n'! Em alemão um apóstrofo não pode tornar-se uma aspa!) Mas, ai de mim, o que fazer quando não há aspas simples ‹n› que correspondam exatamente às dobradas «n»? Pés-de-ganso simples são de longe os melhores sinais para envolver uma citação. Assim as duplas barrocas podem ser poupadas para outras ocasiões menos freqüentes.

Uma citação dentro de uma citação: algumas pessoas compõem « – , '–», outras usam « – „ " – », empregando de outra maneira a variedade não usada. Mas é difícil ver por que se faz necessária uma mudança. « – « » – » funciona muito bem, desde que na maior parte dos casos a citação interna seja curta. Minha própria escolha é: ‹ – « » – ›, de acordo com minha preferência por aspas mais simples ‹ ›.

Os ingleses diferenciam *aspas simples* 'n' de *aspas dobradas* "n". Muitos bons compositores ingleses atuais preferem aspas simples para a palavra citada, porque aspas dobradas introduzem na mancha um elemento de desassossego. Aqui também se recomenda um pequeno espacejamento, para que a aspa não se torne um apóstrofo.

Quase todos os países têm sua própria variedade de aspas e regras para usá-las. Informações podem ser encontradas nos manuais de estilo.

Sobre Entrelinhamento

Entrelinhamento é o espacejamento entre linhas de tipos. Sobretudo em obras de maior porte como livros e revistas, o cálculo desse espaço em branco é de grande importância para a legibilidade, beleza e economia da composição.

Não é possível estabelecer um conjunto de regras gerais para entrelinhamento em impressão de volantes, anúncios e trabalhos similares de pequeno volume que preenchem as necessidades cotidianas. Talvez apenas isto seja suficiente: quanto mais linhas quebradas ou linhas de tamanhos diferentes, isto é, quanto mais turbulento é o bloco de texto, mais entrelinhamento se deve usar. Isso acentua a linearidade das linhas e assim compensa as perturbações no contorno ou na silhueta.

Um trabalho tipográfico infeliz – aquele em que a composição é larga demais – pode ser salvo aumentando-se o entrelinhamento. Os livros porcamente compostos do final do século XIX pareceriam muito piores se fosse diminuído o entrelinhamento, que, de maneira geral, era positivamente importante na época. Um entrelinhamento forte faz com que claros enormes entre palavras pareçam um pouco menores.

Mesmo o entrelinhamento mais substancial, porém, não revoga as regras do bom espacejamento entre palavras. Grandes claros entre palavras deixam de ser tão importunos e irritantes quando o entelinhamento é amplo, mas isso não é escusa para que se empregue um espacejamento de meio-quadratim ou mais entre palavras.

A primeira obrigação de um bom compositor é obter uma imagem compacta da linha, algo mais fácil de conseguir quando se usa o espacejamento de um terço de quadratim entre palavras. Em tempos passados, até o romano se compunha muito mais fechado do que hoje; o catálogo que contém o original do romano de Garamond de 1592, impresso em corpo 14, mostra em todas as linhas um espacejamento entre palavras de apenas 2 pontos, que é um sétimo de um quadratim! Isto significa que não podemos dizer que o espacejamento de um terço de quadratim entre palavras é particularmente fechado.

Por outro lado, se o entrelinhamento é tão grande quanto o corpo da fonte, ou ainda maior, é inteiramente permissível dar à composição um pouco mais de largura do que seria usual em composição cheia, para que as palavras não fiquem opticamente próximas demais e assim diminuam a legibilidade do conjunto.

Nem sempre se está cônscio do fato de que tipos diferentes reclamam entrelinhamento diferente. Linhas isoladas compostas no mais robusto Fraktur, Schwabacher e alguns tipos fantasia devem ficar fechadas (corpos maiores espacejados com menos de um terço de quadratim) para não se desintegrarem. Essas escritas sombrias também não toleram muito entrelinhamento. Precisam criar uma impressão de compacidade. Esta observação é válida também para caracteres romanos mais antigos, como o autêntico Garamond, embora nesse caso um pouco mais de entrelinhamento não costume causar dano. A situação é bem diferente quando consideramos os caracteres romanos e Fraktur mais jovens ou neoclássicos dos séculos XVIII e XIX, como o Bodoni, o Didot e os romanos de Walbaum e o Fraktur de Unger. Comprimidos, não têm bom aspecto. Precisam de muito entrelinhamento. Não é possível converter uma página vistosa composta em Garamond numa página em Bodoni sem causar dano; esta provavelmente requer mais entrelinhamento. Segue-se daí que livros com uma composição cheia ou comprimida reclamam um romano mais velho e que livros com amplo entrelinhamento precisam de um mais novo.

Num trabalho semelhante a um livro, o entrelinhamento depende também da largura das margens. Um entrelinhamento amplo exige bordas largas para fazer ressaltar a mancha. Quando composto num romano mais velho, um mesmo bloco de texto num livro pode ter margens mais estreitas ou mais largas; no primeiro caso, o livro parecerá mais despretensioso; no segundo, magnífico.

Livros que contêm texto contínuo bem como ilustrações são uma espécie à parte. Aqui a preocupação maior deve ser com a perfeita harmonia entre mancha e ilustração. Idealmente, a mancha deve ser elaborada de antemão e enviada ao ilustrador, para que este possa, então, combinar estampa e imagem da página. Se já existem os desenhos, cabe então ao compositor criar um bloco de texto que se harmonize com as ilustrações. É especialmente difícil encontrar um contorno de mancha adequado que fique bem com xilogravuras em madeira de fio, em contraposição às em madeira de topo. O velho Schwabacher é muitas vezes o tipo preferido em tal caso. O trabalho torna-se muito mais difícil se for necessário recorrer ao romano. Um corpo maior pode às vezes ajudar a superar o dilema. Nem pensar num romano meio-preto mais antigo para um belo livro; um romano polpudo e mais novo parecerá muito escuro, mas em geral não assenta bem com xilogravuras.

É quase impossível dizer qualquer coisa universalmente válida acerca do espacejamento correto da linha de tipos do "designer" moderno. Talvez seja possível menos entrelinhamento se o tipo se aproxima em estilo de um romano mais antigo. Inversamente, os semelhantes a um romano mais novo podem exigir mais espaço. Só se pode chegar a uma decisão final com base nas provas de uma página de amostra.

Por fim, é o comprimento da linha, o número de letras nela existentes, que exerce influência sobre o entrelinhamento. Nos corpos comuns, linhas com mais de 24 cíceros (26 paicas) quase sempre requerem entrelinhamento. Linhas mais compridas naturalmente precisam de mais, porque de outro modo o olho acharia difícil captar a linha seguinte. De qualquer maneira, essas linhas longas não são boas; sempre que possível, faça-se um esforço para diminuí-las ou usar duas colunas, ou então empregue-se um tipo de corpo maior.

Em última análise, não existe um comprimento fixo e ideal para as linhas de um livro. Nove centímetros (20 cíceros ou 21 paicas) é uma boa largura, desde que estejam sendo usados os corpos pequenos do Garamond (8 a 10 pontos). Mas esta largura não é suficiente para o tamanho em paicas (12 pontos) de um romano. E, embora tenham sido erroneamente elogiados por alguns como o comprimento ideal para uma linha de livro, nove centímetros parecem abomináveis quando o corpo do tipo é grande, porque a boa justificação da linha se torna quase impossível.

Composição de Algarismos Elevados e Notas de Rodapé

Enumeremos em primeiro lugar o que é repugnante e, portanto, errado:

1. Em algarismos elevados no texto de livros:
   a. Uma fonte inadequada de algarismos elevados;
   b. Parêntese supérfluo em seguida a algarismo elevado;
   c. Nenhum espacejamento entre palavra e algarismo elevado.
2. Nas notas de rodapé:
   a. algarismos de chamada pequenos demais, quase sempre ilegíveis, e que muitas vezes pertencem a uma fonte diferente e discordante;
   b. supressão do sinal de pontuação depois do número da nota;
   c. o fio de 4 paicas, alinhado à esquerda, quase sempre posto acima da nota e que é não só desnecessário como feio;
   d. entrelinhamento insuficiente, dentro das notas ou entre elas;
   e. falta de clareza por falta de recuos.

Após essa enumeração, aqui estão razões, remédios e um exemplo:

1a. O tipo usado para números elevados deve ser o mesmo da fonte básica ou, no mínimo, muito parecido com ele. Onde o romano antigo caiu em desuso, os elevados desse estilo quase nunca são condizentes. Não se ajustam a um Walbaum ou Bodoni.

Na composição em linotipo, podem ser usados os numerais titulares de 6 pontos da fonte básica. Não importa se são usados algarismos titulares ou de texto; uns e outros são apropriados, contanto que venham da fonte básica ou de similares. Números titulares têm preferência.

1b. Um parêntese depois do número pode estar presente no original do autor, mas é supérfluo em todos os outros lugares. Perturba a mancha sem motivo e aborrece o leitor.

1c. A boa composição exige um espaço fino entre o elevado e a palavra; de outro modo o número não se destaca. Não deve grudar na palavra.

2a. Algarismos elevados em tamanho de fração não devem introduzir as notas de rodapé em si. Numeradores do tamanho de 8 pontos, ou pior, 6 pontos, são tão pequenos que se tornam ilegíveis; e os números das notas precisam ser nítidos, porque são procurados. No rodapé, os números elevados não fazem sentido e são uma perturbação, ao passo que no texto devem ser pequenos, sendo apropriados os números do tamanho de fração. Já que temos de ser capazes de encontrar rapidamente uma nota de rodapé, cabe usar o algarismo normal no corpo do tipo da nota, nunca um algarismo elevado.

2b. Este algarismo da nota é de forma e corpo normais e é seguido por um ponto final como sinal de pontuação indispensável. Pôr o algarismo mais separado da nota não é necessário nem bonito; é correto recuar a primeira linha com um quadratim do corpo do tipo*. Em minha opinião, usar também nas notas de rodapé o recuo do tamanho do que é usado no texto é artificial e obsoleto; contudo, pode haver exceções quando esta regra mais antiga for útil.

2c. Não há explicação para a sobrevivência do fio de 4 paicas alinhado à esquerda acima de uma nota de rodapé. É mais supérfluo do que um apêndice para um ser humano. Talvez exista para separar a nota do texto, para introduzir a nota. Mas o corpo menor do tipo já efetua aquela distinção. Se a separação por um fio é absolutamente necessária, o fio deve então se estender por toda a largura do bloco de texto.

2d. Uma página só é completamente harmoniosa quando texto e notas de rodapé têm o mesmo entrelinhamento. Se o texto está composto em 10 pontos, com entrelinhamento de 2 pontos, as notas estão compostas em 8 pontos, também com entrelinhamento de 2 pontos. Embora não seja inteiramente errado usar, nas notas de rodapé, um entrelinhamento com um ponto a menos do que o do texto, uma diferença mais acentuada do que esta faz com que as notas se tornem visivelmente mais escuras do que o texto e, portanto, não é boa**.

---

* Esta é a prática que Tschichold seguiu na edição alemã deste livro, em que as notas são poucas. Mas seu exemplo (p. 158), sugerindo um livro com muitas notas, é projetado de outro modo. Ali as notas começam alinhadas à esquerda e as linhas seguintes são recuadas. – RB

** A regra de Tschichold pressupõe tipo de metal, em que os corpos menores geralmente não são reduções fotográficas do mesmo padrão usado para os corpos do texto. – RB

Was etwa die Abschrift der Enzyklopädie *De naturis rerum* des RABANUS MAURUS zeigt[176], ist ein buntes Panoptikum aller Wunder dieser Welt, ein Bilderbuch voll naiver Freude an grünen Pferden und blauhaarigen Menschen[177].

Aber auch außerhalb dieser Handschriftengruppe herrscht im elften Jahrhundert lange in den Figuren der unruhige Geist eckig-gebrochener Zeichnung, mit zackiger Faltenbildung und reiner Zeichenstil[178] mußte er sich auch in den Schriftformen auswirken. So ist also Kompromiß mit dem Streben nach Regel und Zucht in der Schriftgestaltung das entstanden, was man als beneventanische ‹Brechung› bezeichnet hat.

Es ist kaum eine grössere Veränderung der Federführung dazu nötig gewesen als die Vollendung der Sagittalwendung, die schon in früherer Zeit erkennbar ist. Keineswegs ist die Tatsache der ‹Brechung› nur aus einer solchen ‹eigenartigen Druckverteilung›[179] zu begründen, wie MENTZ und THOMPSON[180] dies tun. Allerdings kann man dafür anführen, schon die ersichtlich kurze Federfassung[181] sei dazu angetan, im Sinne der Bereicherung beziehungsweise der Zerlegung der Formen zu wirken.

176. (A. M. AMELLI) ‹Miniature della enciclopedia Medioevale di Rabano Mauro dell'anno 1023› (*Documenti per la storia delle miniature e dell'iconografia*, 1896). Vgl. daraus unten Tafel 7.
177. BERTAUX a.a.O.200; ‹C'est l'image du Monde, dessinée et colorée par un enfant.›
178. G. LADNER in *Jahrbuch d. Samanl. des ah. Kaiserhauses* N.S.5 (1931), 45,65.
179. MENTZ a.a.O.124.
180. A.a.O.355.
181. Vgl. unten Tafel 7.

Exemplo de algarismos elevados e notas de rodapé.

Não se deve espalhar entrelinhamento adicional entre os parágrafos do texto de um livro; nem se deve fazer isto entre as notas de rodapé numa página.

2e. Quem quer que chegue frivolamente a acreditar que pode se arrumar sem recuos sofrerá as conseqüências quando tiver de compor notas de rodapé. A separação amadorística de notas de rodapé e texto com uns poucos pontos de entrelinhamento, às vezes até com um ponto apenas, resulta num bloco de texto desarticulado, extremamente complicado, sem ritmo e, portanto, feio. O procedimento é tão reprovável quanto a prática de compor até mesmo textos simples sem recuos para marcar os inícios de parágrafo. Isso redunda no exato oposto da forma: sem forma*.

Agora é possível notar algumas peculiaridades.

Se um livro contém só uma única nota de rodapé, ou talvez uma nota isolada aqui e ali, pareceria então bastante peculiar se o algarismo um fosse usado repetidamente para ligar texto e nota. Em casos como este convém usar um asterisco. Em todos os outros casos, a alternativa são os numerais.

No texto, nenhum espacejamento deve separar asterisco e palavra; na nota de rodapé, porém, um asterisco deve ser seguido por um espaço de 2 pontos.

Notas que consistem de uma única palavra ou de apenas algumas palavras podem ser deslocadas para o centro da página; isso aumenta a harmonia da composição centrada. Se há mais de uma nota na mesma página, então não é correta a centralização de uma nota curta.

---

* Em alemão *Gestalt, Ungestalt*. – HH

Pode ocorrer que uma página contenha muitas notas de rodapé curtas que, postas uma embaixo da outra, perturbem o equilíbrio entre páginas espelhadas. Em casos como este, é melhor fazê-las seguir uma à outra, separadas por um quadratim. Todas as notas de rodapé devem terminar por um ponto final.

Notas excessivamente longas podem ser divididas entre páginas espelhadas, mas essa prática não deve ser exagerada.

Caso a mancha seja bastante larga, composta em 12 pontos ou até mais, deve-se considerar a possibilidade de compor as notas de rodapé em duas colunas. Uma coluna com uma linha a mais do que a outra é um mal menor do que qualquer tentativa de ocultar a diferença entre as duas com entrelinhamento adicional.

Notas de rodapé são a mais recente e mais evoluída forma de anotação. Notas marginais precisam de margens amplas, sejam necessárias para o livro ou não. Muitas vezes é difícil achar a próxima nota marginal, sobretudo quando uma nota longa se estende por várias páginas. Notas marginais são obsoletas.

Por uma série de razões, não é recomendado reiniciar a numeração das notas com o algarismo um a cada página. É melhor numerar as notas de rodapé de um livro do começo ao fim, ou pelo menos a cada capítulo. Só este método impede que as notas percam seu devido lugar. Tampouco é errado juntar as notas no fim de um capítulo ou do livro inteiro, embora haja ocasiões em que isso dificulta o prazer da leitura.

Um livro impecavelmente produzido pode ser identificado pelo fato de a última linha das notas de rodapé estar na mesma altura da última linha de uma página de texto normal. Infelizmente, tais livros são, na verdade, aves raras.

Reticências

Função

TRÊS PONTOS (pontos de suspensão ou reticências)* indicam que algumas letras de uma palavra ou uma ou mais palavras foram omitidas.

A gramática dá à omissão de palavras o nome de reticências. Nem todo escritor alcança a maestria de Laurence Sterne na utilização das reticências. Como o travessão de um quadratim, as reticências freqüentemente disfarçam a impotência de um escritor para se expressar. Na maioria dos casos elas são dispensáveis.

Um poeta escreve:

> *Não sei o que quer dizer*
> *a funda tristeza em que ando.*
> *Fábula de antigos tempos,*
> *isso não me sai da cabeça***.

Um palhaço elíptico:

> *Não sei o que quer dizer*
> *a funda tristeza em que ando. ...,*

---

* Ver nota da revisão, p. 18.
** Heine, "Lorelei": Ich weiß nicht, was soll es bedeuten, / Daß ich so traurig bin / Ein Märchen aus uralten Zeiten, / Das kommt mir nicht aus dem Sinn.

*Fábula de antigos tempos,
isso não me sai da cabeça. ...*

Sem dúvida há lugares onde a nuance proporcionada por reticências é apropriada e necessária. A voz fica suspensa e mantém a mesma altura, ao passo que baixa diante de um ponto final. Mas é preciso um mestre da palavra para utilizar essas delicadas variações, e na maioria das vezes tais sinais se tornam um maneirismo perturbador. (Como seria vaga esta frase se eu a tivesse terminado com reticências! Registrei o que queria dizer e posso dizer; reticências deixariam para o leitor a tarefa de permanecer no campo e colher mais flores. Quando me convenço de que colhi todas, a cortesia proíbe mandar o leitor em outra caçada.)

Durante todo o século XVIII e boa parte do início do século XIX os asteriscos foram usados para indicar letras omitidas num nome: Madame de R***. Hoje isso é considerado fora de moda. Um escritor pode empregar reticências aqui, ou simplesmente um ponto.

Composição

Nos casos em que se omitem letras para disfarçar uma palavra ou designação ignominiosa, compõem-se tantos pontos quantas são as letras suprimidas, a fim de dar aos leitores cultos a chance de saber se adivinharam corretamente. Se não se faz nenhuma ponderação neste sentido e compõem-se os três pontos regulamentares, então na maioria dos casos o manto não pode ser levantado.

Se uma ou mais palavras foram omitidas, compõem-se apenas três pontos, mesmo quando o original indica quatro ou mais. Aqui e ali vemos só dois pontos impressos; isto, além de vago, está pejado de perigos. O certo mesmo são os três pontos das reticências.

A maneira habitual de imprimir esses pontos não é satisfatória. Em primeiro lugar, eles abrem buracos no bloco de texto se estão espacejados, como geralmente acontece. Devem ser compostos sem espacejamento algum. Em segundo lugar, não há lógica em utilizar interespacejamento entre pontos de suspensão que indicam palavras. Uma palavra deve ser seguida pelo espacejamento intervocabular normal da linha. Concluímos: *Os três pontos das reticências devem ser compostos sem espacejamento, e antes deles prevalece integralmente o espacejamento intervocabular da linha:* "Mas... não quero descrevê-lo". *Se aos pontos das reticências se segue um sinal de pontuação, este deve ser separado do último ponto por um espaço de um ponto:* "Mas não..., ela não recusou, e eu a conduzi até a porta do abrigo do carroção".

Os pontos que indicam letras faltantes também não devem ser espacejados; e, é óbvio, nenhum espacejamento deve precedê-los.

Os pontos das reticências compostos sem espacejamento contribuem para uma boa imagem do bloco de texto e a mantêm.

Travessões

Função

RARAMENTE A GENTE encontra um travessão* substituindo um pensamento não expresso. Geralmente indica uma pequena interrupção, uma espécie de pausa para reflexão. Talvez o nome alemão devesse ser mudado: *Denkpause*, pausa do pensamento, em vez de *Gedankenstrich*, linha do pensamento. De vez em quando deparamos com um travessão no fim de uma oração, onde serve para esconder uma palavra ou uma situação embaraçosa. Se a designação *Gedankenstrich* realmente fosse adequada e se, além disso, um travessão sempre escondesse um pensamento, podia-se então imaginar um livro contendo apenas travessões. É de fato assombroso que nem os escroques do travessão de um quadratim nem os trapaceiros das reticências tenham tido essa idéia.

Muitas vezes é muito melhor ver uma vírgula em lugar de um travessão: Ele veio – mas com relutância. Ele veio, mas com relutância. Um travessão é menos supérfluo em certas interpolações: Eu lhe direi – preste atenção! – aonde ir. Às vezes um travessão separa fala e réplica: Escute, alguém está batendo. – Vá ver quem está aí. Mais uma vez, um travessão pode ser usado em lugar de parênteses, para não enfraquecer as palavras envolvidas: Garamond – o tipo

---

* Alemão *Gedankenstrich*, "linha do pensamento". – HH

mais comum do nosso tempo – e Bodoni são antitéticos se consideramos as leis que governam suas formas.

O travessão – como o ponto-e-vírgula e as aspas – é um símbolo recente, não encontrado na velha e antiga literatura. Goethe e seu tempo raramente precisaram dele. Mesmo hoje, é freqüentemente dispensável e sempre que possível deve ser substituído por vírgulas ou parênteses.

Composição

O travessão m, largamente usado, é um fio rombudo, do comprimento de um quadratim. Este comprimento é demasiado e invariavelmente arruína qualquer mancha bem cuidada. A situação poderia ser corrigida de algum modo diminuindo o espacejamento das palavras da linha antes e depois do travessão de um quadratim, mas isto é facilmente esquecido.

A única coisa certa a fazer é usar meios-quadratins e separá-los das palavras contíguas, empregando na linha o espacejamento normal dos vocábulos. Estes meios-quadratins são chamados também fios de distância, pois representam a preposição *a* em indicações de distância ou rota: Basiléia–Frankfurt; nenhum espacejamento é usado aqui.

Em fontes da Monotype, meios-quadratins fazem parte do complemento normal. No caso da Linotype, podem ser especialmente encomendados. Quem tem em vista compor livros perfeitos pode e deve insistir em meios-quadratins.

Uma exceção, certamente, só chama a atenção para o fato de que meios-quadratins quase sempre faltam nos tipos de composição manual. No entanto, há grande necessidade deles, sobretudo em escritas extremamente originais. É um dos enigmas do nosso tempo o motivo pelo qual não são incluídos em todas as fontes e no tamanho correto. Alguns compositores padecem da ilusão de que um hífen pode substituir um travessão, desde que se empregue o espacejamento de palavras antes e depois. Isso é um erro. Um hífen é curto demais.

Forma do Travessão

Regra geral, um fio fino, rombudo é suficiente. Mais especificamente, o fio deve ser tão forte como a linha horizontal na letra e do corpo usado. Infelizmente, não é este o caso em fontes sem-serifa e fontes com serifas quadradas, em que o travessão muitas vezes não atinge a espessura da linha horizontal na letra e. Na maioria dos caracteres Fraktur e Schwabacher, a força do travessão é correta. Alguns compositores acham que devem utilizar um fio significativamente mais vigoroso (roubado talvez a um sem-serifa), porque o travessão de um quadratim, comprido demais, deixa um buraco um pouco perturbador na mancha. Mas um fio mais vigoroso não é a resposta; o travessão mais curto, de meio-quadratim, é. Salvo em fontes sem-serifa e de serifa quadrada, é um erro estilístico usar um fio mais grosso.

Há só uma circunstância em que o travessão de um quadratim pode ser usado e é de fato necessário: em tabelas de preços.

O objetivo destas palavras é chamar atenção para um detalhe raramente considerado na composição tipográfica e contribuir para a supressão de uma monstruosidade vista com demasiada freqüência em toda parte.

Viúvas e Forcas

SEM DÚVIDA todos os manuais de composição tipográfica advertem que a linha quebrada de um parágrafo na cabeça de uma página de livro deve ser evitada a todo custo. E tal linha realmente insulta o olho e a mente. A linha quebrada destrói o retângulo da página e o bloco de texto e a magra porção final de uma oração parece desprezível.

A regra é boa. Mas raramente o manual explica como se livrar dessas viúvas, que em alemão se chamam *Hurenkinder*, filhos da puta. Elas não apresentam problema para quem usa dois pontos de entrelinhamento entre parágrafos aqui, e três ou quatro ali. Mas esse tipo de composição não produz boa tipografia de livro.

O editor cuidadoso quer, acima de tudo, ver uma composição compacta. Então a pergunta é: as viúvas podem ser evitadas? Raramente é possível comprimi-las até eliminá-las, ou absorvê-las sem danificar uma composição uniforme. Será lícito pedir ao autor que ponha a mufa pra trabalhar e acrescente algumas palavras ou risque outras tantas, a fim de superar uma complicação tipográfica? Acho que não. Quanto melhor é o texto, mais difícil isto se torna. Além disso, não é o compositor que é senhor do texto, é o autor. Se o poeta já não estivesse vivo, não poderíamos recorrer a ele.

Vamos presumir que o poeta está morto ou então fora do nosso alcance. Melhor ainda, convençamo-nos de que é um erro pedir ao escritor que modifique o texto só para conseguirmos uma imagem tipográfica mais agradável. Sendo este o caso, lancemos então outro olhar às páginas adjacentes. Não há realmente onde apertar um pouco, ou espacejar talvez? Haverá possibilidade de salvar uma linha no começo do capítulo subindo o primeiro parágrafo? O melhor método é simplesmente encurtar a página anterior em uma linha. É óbvio que agora aparecerá uma linha em branco no pé, mas isso não perturba, desde que o título corrente esteja na cabeça da página, as margens não sejam muito pequenas e estejamos lidando com uma coluna apenas.

Ou abrimos uma exceção e alongamos uma página em uma linha. Mas isso só funciona em livros com margens suficientemente largas.

Nada pode ser dito contra "viúvas" que aparecem debaixo da linha contínua sob um título corrente. Em tais casos o retângulo da página continua incólume.

É uma pirueta ridícula encurtar uma página em uma linha e depois entrelinhar o texto para recuperar a antiga altura. Isso destrói o registro da linha, que é a marca da composição de uma boa página.

Nunca há necessidade de produzir viúvas.

As forcas, que em alemão são chamadas de *Schusterjungen*, aprendizes de remendão, são totalmente diferentes. Algumas pessoas repelem a primeira linha de um novo parágrafo no pé da página. Parece-me, porém, que evitar isso não passa de um devaneio. Não se deve exigir demais. Tal desejo poderia ter sido facilmente alcançado numa fase da composição tipográfica em que quase qualquer quantidade de espaçamento parecia permissível. Isso aconteceu antes que a composição cheia e uniforme se tornasse a norma. Linhas iniciais no pé de uma página podem ser indesejadas, mas são aceitáveis. Só quando os parágrafos são entrelinhados ou há um espaço vazio acima da última linha é que elas se tornam desagradáveis. Algumas pessoas se atormentam com o recuo quando o número da página figura ao pé desta, mas, a menos que o número da página esteja centrado, eu geralmente abro um claro com o mesmo número de pontos utilizados nos parágrafos de texto.

Planejamento do Leiaute Tipográfico de Livros com Ilustrações

HÁ DOIS tipos de livros com ilustrações: aqueles em que as estampas se espalham por todo o texto, e o outro tipo, em que texto e imagens formam duas partes do mesmo livro.

O desejo de assegurar que a mancha e o tamanho máximo da imagem sejam idênticos (figura 1) é justo e pode certamente redundar numa forma de livro harmônica. Não é assim tão certo se o tamanho das estampas atenderá a nossas exigências de clareza e distinção; ambas sofrem quando aumenta a redução da imagem. Mas não há dúvida de que o método é o único apropriado quando imagem e texto são impressos no mesmo tipo de papel. A imagem máxima é a largura da mancha; a altura máxima da imagem é a altura da mancha menos 7 a 11 mm (2¾–4¼ pol.) para uma legenda de uma ou duas linhas, que tem de ficar dentro da mancha.

Quando se consideram as proporções do livro, não se deve esquecer que quase todas as estampas, e pinturas em particular, vêm em belas proporções retangulares. Formatos que se aproximam do quadrado são infreqüentes. A redução da imagem dentro de um livro geralmente cresce em função da legenda, na maioria das vezes desnecessária, e para a qual uma ou duas linhas devem ser poupadas, dependendo das condições. Juntas, estampa e legenda formam um retângulo exíguo que se aproxima das proporções

A FORMA DO LIVRO

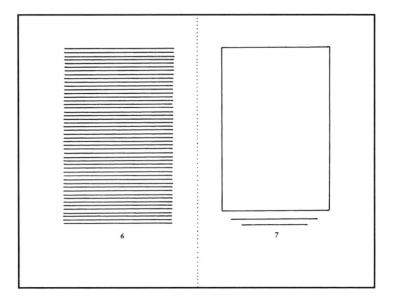

Figura 1.

da Seção Áurea. Essa magra área de imagem requer, então, um formato de livro mais estreito do que o oferecido pela proporção do in-quarto, que é um tamanho freqüentemente inadequado para livros com ilustrações. Somente o formato A4 se revelou um bom padrão para livros desse tipo. Um agradável formato menor tem o tamanho elegante de 16 × 24 cm; 6 5/16 × 9½ pol.

Depois que se levou tudo isso em conta e que se imprimiu e aprovou um par de páginas-modelo bem estudado, pode-se então avançar e mandar preparar um número apropriado de folhas de bloco de texto com quatro páginas em branco, onde as páginas ímpares se pareçam com as mostradas em nossa figura 4. Esses blocos de texto em branco facilitam a colagem durante a organização da página, porque a posição da imagem e a aparência de um con-

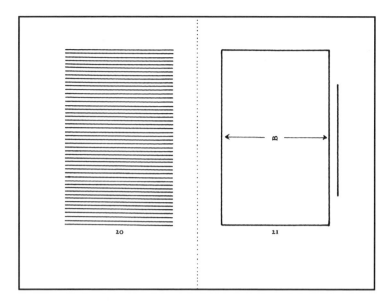

Figura 2.

junto de páginas podem ser determinadas e estabelecidas de uma vez por todas.

Estampas horizontais também têm de submeter-se à mancha (figura 2). Se o livro tem margens muito largas, a altura (B) da estampa pode então acompanhar a largura da mancha e a legenda pode ser colocada na margem. De modo geral, porém, a legenda deve estar dentro da mancha e a estampa deve, portanto, ser reduzida no tamanho (figura 3).

De modo geral, mas sobretudo quando se trata de obras de arte, é preciso conservar as proporções da imagem original. Seria um equívoco alterá-las apenas para preencher totalmente a mancha. Não se pode exigir, portanto, que as estampas encham sempre a altura e a largura do espaço disponível. Se todas as estampas têm as mesmas proporções, então a altura da mancha é determinada pe-

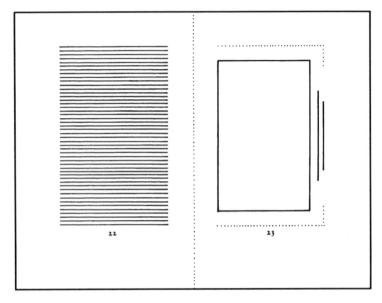

Figura 3.

las estampas, naturalmente sem esquecer as legendas embaixo das pranchas.

As estampas de pinturas e outras obras de arte jamais devem ser cortadas. Como até o último milímetro de um quadro é significativo, o clicherista só pode aparar o que é estritamente necessário. (Estampas que precisam ser refiladas devem ser 3 mm mais largas nos lados.) Desfigura-se uma obra de arte ao apresentá-la de forma incompleta.

Os livros com ilustrações espalhadas por toda a parte são mais dispendiosos do que aqueles em que as ilustrações estão concentradas numa parte separada. O método mais caro é colar nas páginas ilustrações isoladas, sobretudo se estas aparecem em outros lugares que não sejam a folha de rosto ou no meio de um caderno. A tira de cola distorce a página do livro. É menos dispendioso e produz melhor efeito organizar e inserir cadernos de quatro páginas. Além disso, elimina-se a enfadonha operação de colagem.

Como vemos nas figuras 1, 2 e 3, a posição da área de ilustração tem de ser a mesma que a do bloco de texto. As margens de páginas espelhadas têm de unir página de texto e página de ilustração num todo, porque até um livro com ilustrações ainda é um livro e, assim, está sujeito à lei básica que diz que o efeito de um par de páginas é importante. É a página dupla, mais do que a página isolada. Se, porém, considera-se que as estampas estão inteiramente separadas do livro e devem ser postas no meio da página, não faz sentido determinar o tamanho delas pelo tamanho da mancha. Tenha-se em mente que a regra de projetar uma página de ilustração como uma página de texto também se aplica a ilustrações horizontais (figura 2). É um erro esquecer o resto do livro e posicionar estampas horizontais no meio da página, independentemente do bloco de texto.

As estampas horizontais são sempre incômodas e devem ser evitadas. Se acontece que a maioria das ilustrações de um livro é horizontal, é melhor então escolher um formato paisagem e compor o texto em duas colunas (figura 5).

Sujeitar texto e imagens ao mesmo tamanho é uma regra a ser seguida mesmo quando as estampas formam uma parte separada do livro. É provável, porém, que as estampas pareçam então pequenas demais. Isto se dá porque as imagens são mais densas e, assim, mais escuras do que o bloco tipográfico, que é usualmente cinzento. Um bloco mais escuro, do mesmo tamanho, sempre parece opticamente menor. Neste caso, é inteiramente correto utilizar uma mancha um pouco maior para a parte ilustrada, desde que a proporção geométrica permaneça a mesma.

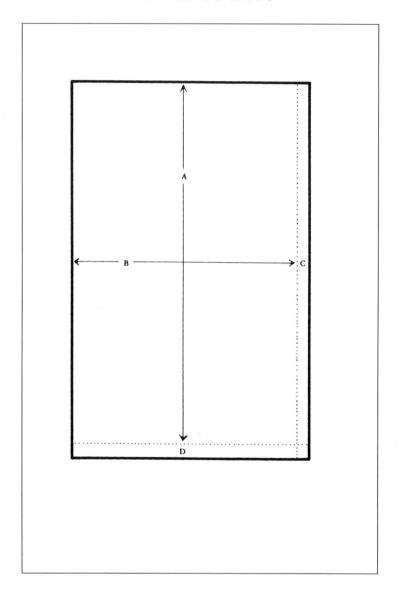

PLANEJAMENTO DO LEIAUTE TIPOGRÁFICO...

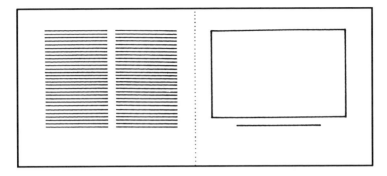

Figura 5.

A posição das ilustrações também depende da possibilidade de aparecerem somente na página ímpar ou nas páginas par e ímpar. A impressão de página isolada produz um efeito quase igual ao de estampas encartadas; se foi seguida a regra clássica de dar à margem interna metade da largura da margem dianteira, o efeito será agora exagerado, e uma alteração se impõe. Mas em nenhuma hipótese as margens esquerda e direita devem ser quase iguais em tamanho. A página branca vazia à esquerda já exige, por si só, que a imagem esteja um tanto aproximada da dobra.

Se as páginas par e ímpar foram impressas, então não é possível desviar-se da regra segundo a qual a margem interna de uma página deve ter a metade da largura da dian-

Figura 4. Exemplo de diagrama para livros com ilustrações. A linha em negrito indica o tamanho da mancha. A = *altura máxima de uma ilustração de página inteira no formato retrato,* B = *altura máxima de uma ilustração de página inteira no formato paisagem. A diferença* (C) *que completa a mancha cheia deve igualar o espaço de duas linhas,*
i.e., 7–11 mm (2¾–4¼ pol.).

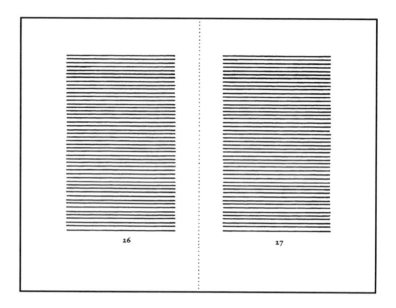

Figura 6a. Mancha.

teira. De outro modo, o par de páginas se desorganiza, o que não deve ocorrer, mesmo que as duas sejam bem dessemelhantes (figura 6b). O cálculo das ilustrações é feito com base num esquema impresso ou numa malha (figura 4), que fornece as medidas máximas. Realiza-se o arranjo da página colando as estampas na malha, o que fixa a altura da ilustração na página. Imagens altas enchem a mancha verticalmente e são centradas horizontalmente (figura 7, esquerda), a fim de manter o registro; imagens menores (figura 7, direita) devem ser posicionadas de tal modo que a relação entre os espaços em branco na cabeça e no pé corresponda a 1:2 ou 3:5.

Em todos os casos as legendas permanecem com as estampas. Embora fosse possível deixá-las numa altura constante – isto é, perto do pé do bloco da imagem –, isso só

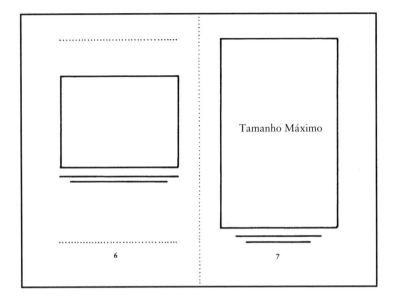

Figura 6b. Páginas com ilustrações no mesmo livro. Mancha maior, mas na mesma proporção do bloco de texto.

é permitido em casos extraordinários. Se as estampas têm de ser numeradas, como indica a figura 7, a posição do número deve ser então a mesma para todas as estampas, e eles têm de seguir o mesmo registro. De vez em quando vemos livros em que as ilustrações estão numeradas no alto à direita (fora da área impressa). Fazer isso dessa maneira sai caro e raramente é correto. Não é característico do livro e encarece a composição. Mesmo quando impressor e compositor tomam o maior cuidado para colocar o número precisamente, sempre no mesmo ponto, algum movimento posterior para a esquerda, para a direita, para cima ou para baixo durante o processo de dobragem é inevitável.

Quando se quer diferenciar o número da prancha do número da página, pode-se então usar o grifo ou adornar

A FORMA DO LIVRO

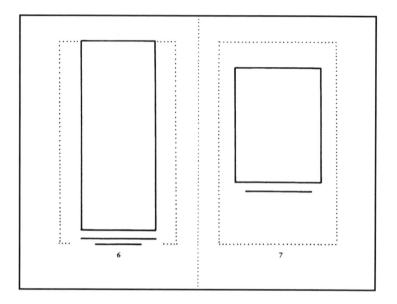

Figura 7.

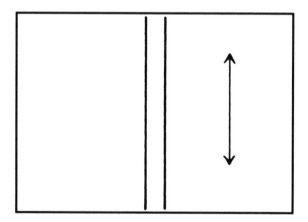

Figura 8.

com parênteses o número da página de texto. Se as pranchas são maiores do que o bloco de texto, como presumimos que sejam na figura 7, os números referentes às ilustrações ficarão de qualquer maneira um pouco mais abaixo e do lado de fora quando comparados com os números das páginas.

O importante é que mesmo pranchas de tamanhos diferentes sejam impressas em consonância com o estabelecido pela mancha. Não devem ser posicionadas "aleatoriamente". Segue-se que é tarefa do tipógrafo ou compositor ajustar as pranchas e produzir páginas de todo uniformes, determinar e fixar o efeito antes que a matéria vá para o impressor. A primeira folha de prova da estampa deve ser devolvida refilada no tamanho, mas não corrigida, para uma última verificação da largura das margens; a posição das próprias estampas não deve exigir mais mudanças nesta etapa.

Obras com pranchas coloridas proliferam no mercado, e uma coisa tem de ser dita: é um absurdo reproduzir no tamanho de um cartão-postal um quadro com a área de uma janela ou maior. Essas não são mais reproduções, são falsificações, pouco importa se bem ou mal feitas. Se essas reduções drásticas são realmente necessárias, é então invariavelmente melhor reproduzir em preto-e-branco. Em cores devem sempre ser reproduzidas no maior tamanho possível, e é melhor apresentar pormenores do que o todo. Reduzida linearmente à metade ou a um quarto do original, uma reprodução em cor pode ainda ser satisfatória. Além disso, devem ser feitas cópias de detalhes, preferivelmente do tamanho original.

Para escapar do dilema apresentado por quadros horizontais, recentemente têm sido usados formatos quase quadrados de livro, medida que tem de ser combatida. Pro-

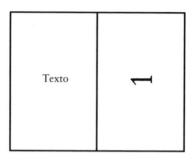

Figura 9a. Ilustração em formato paisagem espelhada a uma página de texto.

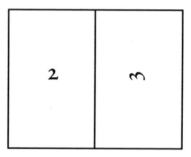

Figura 9b. Uma estampa normal e uma em perpendicular.

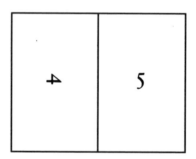

Figura 9c. Uma estampa em perpendicular, à esquerda, e uma normal, à direita (um arranjo não tão bom quanto B, *utilizável só em casos excepcionais). A cabeça da estampa acaba na medianiz! E o caso* C *não pode ser combinado com o caso* D, *a seguir.*

PLANEJAMENTO DO LEIAUTE TIPOGRÁFICO...

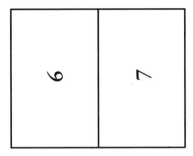

Figura 9d. Dois quadros, ambos perpendiculares, devem ser legíveis a partir do lado direito do livro. Inverter o quadro 6 seria uma solução irritante, pois o leitor teria de virar o livro duas vezes.

duziram-se livros verdadeiramente monstruosos, que causam arrepios em todos os bibliófilos.

A *fibra do papel* é da maior importância, e o papel para as ilustrações, como o papel do texto, tem de correr na direção da lombada do livro (figura 8). Não se deve acreditar que uma única folha de impressão que corra na direção errada não tem importância. Até encartes isolados se encrespam nas bem conhecidas dobras transversas em conseqüência da direção incorreta da fibra. A razão de um livro ou revista ser difícil de abrir ou fechar é sempre a fibra que corre na direção errada em algumas de suas partes ou em todo o livro (papel de texto, pranchas, guardas, capa). Nunca é culpa do encadernador, como muitas pessoas tendem a pensar.

A Posição das Estampas Horizontais

Se as estampas horizontais são inevitáveis, no mínimo deve-se poder contemplá-las confortavelmente. Por isso há certas diretrizes. Os números em destaque nas figuras 9a a 9d indicam como a imagem deve ser vista.

A FORMA DO LIVRO

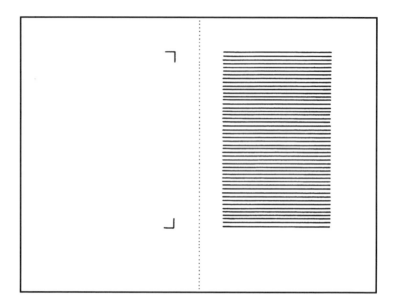

Figura 10a.

Pranchas Montadas em Cartão ou Papel Revestidos

As pranchas a serem montadas só podem ser cortadas se forem fotografias comuns. A reprodução de uma obra de arte plana (pintura, gravura) não deve ser cortada. Deve-se deixar uma borda branca estreita de 2 mm de largura, para que o corte não reduza tudo e produza uma imagem distorcida. Bordas de menos de 2 mm tendem a ser desiguais.

A legenda pertence ao papel de fundo. Não fica bem no papel da prancha. É inteiramente possível colocar a legenda perto do pé da página oposta, desde que a estampa e a mancha tenham a mesma altura. A prancha ganha com isso. As marcas de canto para o encadernador que colará as pranchas devem ser impressas também no papel de fundo. Têm de ser postas *lateralmente* perto da margem interna ou me-

PLANEJAMENTO DO LEIAUTE TIPOGRÁFICO...

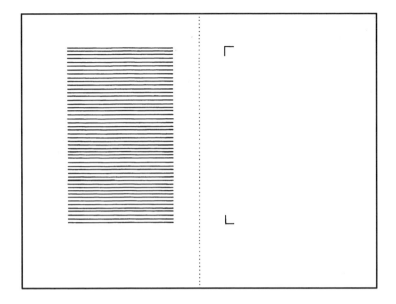

Figura 10b.

dianiz (na cabeça e no pé, figuras 10a e 10b). A composição e a impressão das folhas de fundo requerem muita atenção do compositor e do impressor.

Se o papel do texto tem suficiente estabilidade, pode ser usado como papel de fundo, desde que o verso continue em branco. Outros papéis de fundo (cartão) precisam ser extremamente maleáveis para não levantarem quando o livro estiver aberto. Só por esse motivo a fibra deve correr na direção certa. A fibra errada resulta em rigidez de papelão e dobras transversais durante a encadernação.

O melhor tom para o papel de fundo é o matiz usado no papel do texto. As reproduções coloridas de pinturas e obras de arte similares, em que é importante poder reconhecer a cor verdadeira, devem ser montadas somente sobre um fundo de cor branca ou camurça. Usar fundos mais escuros e os intensamente coloridos é um mau hábito surgido no início do nosso século. Quase sempre interfere na verdadeira impressão de um quadro em cores. Fundos pardos e verdes são os mais prejudiciais, ao passo que pretos e acinzentados, *i.e.*, tons neutros, incolores, são um pouco mais toleráveis. Mas o melhor é um branco que combine com o do papel do texto. (Apresentações de trabalhos tipográficos podem quebrar esta regra. Um papel de fundo levemente matizado é aqui aceitável, pois substitui um fundo aleatório em que, de outro modo, poderíamos ver o trabalho. Entretanto, mesmo nesse caso um branco comum é muitas vezes melhor do que um papel matizado ou reticulado, mas não um branco brilhante.)

Repetindo: quando se tem de montar pranchas coloridas, o melhor fundo é o camurça ou um branco ligeiramente matizado. Fundos escuros são um péssimo legado do período anterior a 1914. Felizmente, quase não vemos mais uma moldura ornamental ou listas coloridas nas bordas em torno de uma reprodução.

Escusa dizer que a fibra, tanto da reprodução como do fundo, deve correr na direção certa (ver figura 11).

A Montagem de Reproduções

Em nove de dez reproduções montadas, a cola é aplicada no lugar errado, a saber, na borda superior. Também revela total incompetência aplicar a cola só nos dois cantos superiores. O aglutinante escorre primeiro no canto externo, depois a estampa muda de posição, seguindo-se ruína e até perda. No mínimo deve-se colar a borda inteira, mas isso, como sabemos, é errado. Pior ainda é colar a prancha somente em três cantos; invariavelmente o resultado são dobras espre-

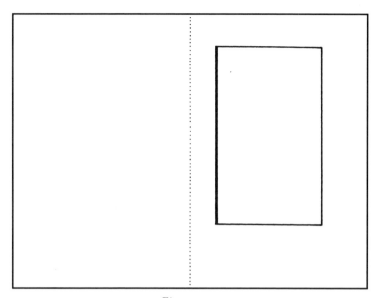

Figura 11.

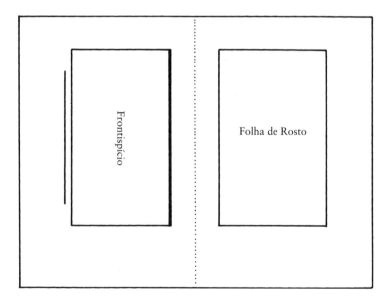

Figura 12.

midas. O único procedimento correto é aplicar cola à borda vertical mais próxima da lombada (figura 11). A linha mais grossa é a tira de cola. Só isto garante que os cantos internos não se dobrem sobre si mesmos (como fazem quando a reprodução é montada de maneira errada). A regra é válida mesmo quando se escolhe uma reprodução horizontal para a folha de rosto (figura 12). A razão pela qual a "cabeça" da estampa deve encostar na margem interna ou medianiz já foi dada em outra parte deste livro. O "pé" não deve ficar de frente para a folha de rosto espelhada.

Finalmente, temos de assinalar que a última prancha de um livro não deve ser horizontal e que as duas últimas páginas após a seção de pranchas devem ficar em branco, assim como as duas primeiras páginas do primeiro caderno impresso. Esta é uma coisa em que geralmente só se pensa tarde demais, se é que se pensa.

Requife, Cores dos Cortes, Guardas e Fita de Marcador de Página

ANTIGAMENTE, quando os livros ainda eram encadernados à mão, costumava-se reforçar a lombada do futuro livro na cabeça e no pé com uma tira de pergaminho que era cosida manualmente com fio de algodão ou seda. De início isso era feito para prender as extremidades dos cadernos, oferecer resistência ao dedo que fisga um livro da estante e dar proteção à cabeça da capa ou pasta de couro. O pé era protegido do mesmo modo por uma questão de simetria.

Requifes colados, em vez de costurados, começaram a aparecer no início do século XIX, com a Era Industrial. Os volumes impressos pelos Barbou no século XVIII ainda têm autênticos requifes costurados, ao passo que livros dos primeiros anos do século XIX ostentam as apressadas modificações necessárias para facilitar a produção em massa: uma tira de pano envolvendo um cordão, grudados com cola e formando a estufada saliência que recobre os chanfros produzidos pelas camadas de folhas dobradas. Ou a mesma técnica é usada com papel colorido em lugar de pano.

O requife comercial como o conhecemos hoje surgiu em algum momento no decurso da segunda metade do século XIX. É feito de sutache e vendido numa seleção bem modesta de cores e padrões. Geralmente é cortado na largura da lombada e depois dobrado e colado nela, na cabeça e no pé. A dobra colorida deve cobrir as extremidades das camadas de papel. Não preenche mais nenhuma função técnica ou necessidade. É simples decoração.

Este é o mesmo tipo de "decoração" que vemos numa gravata esfiapada, mal combinada e cujo nó é desleixado. Isso porque é muito difícil, mesmo olhando para livros que nunca foram abertos, encontrar um em que o requife a) tenha exatamente o comprimento certo, b) não esteja esfiapado numa ou noutra extremidade, c) tenha sido colado direito, d) esteja realmente preso à lombada e e) harmonize-se com o esquema geral de cor. Às vezes surge por cima do corte do livro, talvez porque a dobra é mais espessa do que é permitido por cortes de capa que são insuficientes.

Quanto a mim, prefiro livros sem requife. Parecem muito mais elegantes do que aqueles em que o tecido quase nunca combina e, além disso, se desfia. Que tal chamá-los debruns esgarçados?

Não que o requife seja inteiramente desprovido de mérito. Há situações em que oferece uma ótima oportunidade para decoração. Mas na maioria das vezes é dispensável. Temos aqui um atavismo tão difícil de descartar como o apêndice humano. Quando se trata de livros, é realmente bastante simples: use uma torquês.

Podemos conviver com o fato de que raramente o requife está bem fixado. Mas, se foi cortado no tamanho exato, esteja certo de que está esfiapado, o que o torna desagradável.

Por que a coisa tem de ser feita com raiom ou seda sintética? Hoje certamente é fácil fabricar um requife de plástico, que não se esfiapa. A parte a ser colada deveria ser perfurada e a porção visível, ondulada ou então embelezada, para eliminar a aparência de tubo de borracha. Isso resolveria de uma vez por todas o problema de requifes enxovalhados!

Já que os materiais existem, é possível usar couro, papel colorido ou tiras de linho para edições mais caras. O material tem de ser colado em volta de um pedaço de barbante, que depois provoca a saliência na dobra. Embora papel, couro e linho exijam muita fricção para que a cola grude, não é provável que se desfiem. Mas, se não esgarçar e o requife aderir de fato, então é possível que a cor do requife não combine com o resto do livro e dê motivo a renovado desespero; presume-se que o número do pedido tenha sido sorteado no almoxarifado. Será realmente um segredo que a cor do requife não pode ser deixada ao acaso e que a interação com o que o rodeia tem de ser levada em conta? Um requife totalmente branco não é indicado quando o papel do livro tem um toque de cor; ou deve ter a mesma tonalidade ou destacar-se por força de sua cor diferente. A visível tira estreita de um requife pode ser percebida como uma contrastante provocação – uma encadernação castanha combina bem com um requife verde –, mas, naturalmente, tudo é uma questão de sutileza e nuance! Requifes são muito mal combinados hoje em dia; até parece que os responsáveis esqueceram-se deles e deixaram a escolha por conta dos imprudentes!

O assunto se torna mil vezes mais complexo quando levamos em consideração a cor do corte da cabeça do livro, ou as guardas coloridas e a fita de cor do marcador de páginas.

*

As razões que mandam colorir o corte na cabeça de um livro são puramente práticas: o pigmento constitui uma vedação melhor contra a poeira que vem de cima e, já que a poeira não pode ser evitada, ele fornece uma cor diferente, capaz de tornar a poeira menos perceptível. Além disso, cortes brancos imaculados não parecem bons, especialmente em livros grandes. A cor estendida aos três cortes é mais bonita do que a aplicada só na cabeça, mas é rara hoje. A cor do corte deve ser discreta e escolhida com cuidado para que se harmonize com a encadernação. Achamos o vermelho-berrante que recobre os cortes de certas edições estrangeiras de livros de bolso sumamente repugnante.

Folhas de douração e pigmentos para o corte, e o polimento dos cortes dourados ou coloridos, que ainda se pratica em volumes especiais, contribuem muito para vedar o corte de um livro.

Volumes inteiramente impressos em papel cuchê, ou em que este foi inserido, não permitem corte nem colorido nem dourado, porque as páginas tenderiam a colar umas nas outras.

Cortes coloridos só na cabeça ou nos três lados são parte integrante do design exterior do livro. Pode ser feito discretamente, e neste caso um bege-claro é quase sempre apropriado, ou pode-se escolher uma cor mais ousada, mas então deve-se levar em conta a guarda e o requife.

*

Primeiro alguma coisa sobre as guardas – em alemão *Vorsatz*, "pré-composição", abreviado de *Vorsatzpapier*. *Vorsatz* é assim chamado porque é posto antes do livro propriamente dito, e depois. Mas o *Vorsatz* no fim de um livro não é um *Nachsatz*, uma "pós-composição": é ainda chamado de *Vorsatz*. Os ingleses, inteiramente diferentes dos continentais como sempre o são, chamam-no *endpaper*. Nunca dizem *frontpaper*.

Quase se tem esquecido que as guardas podem ser coloridas. Onde quer que a gente olhe, há guardas brancas, talvez porque, lamentavelmente, quase todos os livros são impressos em papel totalmente branco, que é prejudicial aos olhos. Algumas pessoas (obviamente insatisfeitas com isso) acham ousado demais o salto de uma encadernação mais escura para o branco ofuscante do conteúdo e escolhem uma guarda levemente amarelada. Isso nem sempre dá certo, porque em geral todo o mundo esquece que tem de combinar com a encadernação de pano.

Apesar disso, uma guarda colorida poderia proporcionar agradável transição entre a cor do pano do lado de fora e o tom do papel do lado de dentro. Mais do que o papel feito à mão atualmente usado para esse fim, ela poderia esconder muito melhor as aborrecidas variações de tonalidade da parte interna da capa ou pasta. Raramente o papel do texto é adequado para as guardas porque não tem bastante cola na superfície. O pano usado para encadernar tem mais tração do que o papel. Idealmente deviam ser iguais em força; isto é, o mesmo material podia ser usado para cobrir a pasta e servir como guarda também, mas isso quase nunca acontece. O in-quarto e os formatos maiores têm um aspecto muito melhor quando as guardas são coloridas do que quando são brancas. No todo, uma guarda cor de camurça raramente combina com o papel branco do texto.

*

As opções de fitas de marcadores de página são ainda mais restritas do que as de requifes, já que o número delas dificilmente passa de meia dúzia. Não há fitas estreitas e só estão à venda quatro ou cinco cores – mesmo assim feias – que não combinam com nada, embora esta não seja a razão para tanta escassez de fitas de marcador. Se a tiragem garantisse, podiam ser fabricadas em qualquer largura e cor. O fato é que não são consideradas itens desejáveis. Para sentir falta de uma fita de marcador é preciso ler um livro de vez em quando. Ser lido é o objetivo final de um livro. Por esse motivo os melhores livros devem vir equipados com fitas de marcador de página.

Parece-me que, de modo geral, os livros comercializados têm requifes. Assim temos uma capa, um requife, guardas e fita de marcador de página. Juntos, esses fragmentos devem formar uma combinação de cores em que cada componente se relaciona com o outro. Mas infelizmente isso não ocorre com freqüência! A Gata Borralheira é talvez a fita, com um magro sortimento de seis variedades: base insuficiente para começar a escolha do pano de capa! E, como uma fita branca não condiz com o leve toque de cor do papel do texto, ela é excluída, sobretudo se a tiragem é pequena demais para permitir a fabricação especial. Tiragens maiores permitem isso, porém (seda é o material preferido, não o raiom), e as fitas podem ser feitas em qualquer largura e cor!

No que diz respeito à disponibilidade de cores dos requifes, podemos conviver com ela. Encadernação em pano, guardas e requife podem agora ser combinados, numa agradável e convincente composição de cores. Não é possível dar aqui instruções detalhadas. Qualquer tentativa se converteria numa teoria das cores. Cumpre notar, porém, que o número de boas soluções possíveis é igual ao número de péssimas soluções já encontradas.

Sobrecapa e Cinta

NÃO É PROVÁVEL que os livros mais antigos, publicados no fim do século XV e no início do século XVI por Anton Koberger e Aldo Manuzio, contassem com sobrecapas. Parece que as primeiras surgiram por volta de meados do século XIX, quando a produção de livros se industrializou. A finalidade delas era proteger a valiosa encadernação, pelo menos por algum tempo. Diferentemente da capa, a sobrecapa continha o título do livro e muitas vezes outras particularidades também em sua parte frontal. Às vezes era simplesmente uma cópia franca da folha de rosto com, talvez, uma cercadura em volta. Nos primeiros decênios do nosso século, foi a capa que, em seu próprio prejuízo, tornou-se a portadora de um instrumento de comercialização: o título.

A tempo, surgiu outra vez uma separação entre a capa do livro como revestimento permanente e a sobrecapa protetora como portadora de publicidade. É lamentável que, ao longo dos últimos trinta anos, a qualidade das capas dos livros tenha decaído; ao mesmo tempo o design e a forma da sobrecapa, que atrai o comprador, tornaram-se mais e mais refinados.

A sobrecapa de um livro é uma espécie de cartaz. É concebida não só para chamar atenção mas também para proteger a capa da luz, da sujeira e das abrasões até que o livro esteja a salvo nas mãos do comprador. Os editores fazem sobrecapas não tanto para presentear o comprador com uma proteção extra para seu livro mas, sobretudo, para se precaverem a si mesmos e aos livreiros contra perdas. Livros cuidadosamente produzidos não devem ser distribuídos sem uma sobrecapa, ainda que humilde.

Na verdade a sobrecapa não é parte do livro. Essencial é o livro dentro dela, o bloco de páginas. Em rigor, mesmo a capa e as guardas são partes falsas, apenas temporárias, uma vez que são descartadas quando o livro é reencadernado. O único título válido está no miolo do livro, na folha de rosto. Nada do que está escrito na sobrecapa tem importância para o bibliógrafo; portanto, não é necessário, e na realidade é até um erro, mencionar a existência de sobrecapa. Como o folheto publicitário inserido entre as páginas, a sobrecapa é apenas um complemento flutuante.

Pela mesma razão, as imagens impressas na sobrecapa e as que são coladas na caixa de papelão onde é acondicionado o volume impresso não devem ser admitidas nem descritas como verdadeiras componentes do livro. Se constituem uma parte essencial, devem integrar o miolo do livro, talvez como frontispício. Estampas na sobrecapa ou na capa logo se deterioram.

Aqueles que não confiam na limpeza de seus dedos podem ler um livro enquanto este ainda está protegido pela sobrecapa. Mas, a menos que colecione sobrecapas de livros como amostras de arte gráfica, o leitor autêntico descarta-a antes de começar a ler. Até o colecionador retira a sobrecapa e guarda-a numa caixa. Livros que ainda estão dentro de suas sobrecapas não podem ser manuseados direito, e a publicidade visível é irritante. A verdadeira vestimenta do livro é a capa; a sobrecapa é simplesmente a capa de chuva. Proteger a própria sobrecapa com uma outra feita de celofane é quase tão ridículo quanto envolver em papel a bolsa de pano que protege uma valise de couro de alto preço.

Além do nome do autor e do título, a frente da sobrecapa quase sempre contém o nome da editora e algum texto publicitário. Com freqüência encontramos esses componentes literários embutidos num desenho ou pintura nauseante, que às vezes se derrama pela lombada e chega ao verso da sobrecapa. Presumivelmente o artista atua sob a impressão de que o livreiro apresenta o volume aberto e virado de costas na vitrine; mas poucos livreiros tiram proveito dessa oportunidade.

As orelhas da sobrecapa devem ser tão largas quanto possível. Em geral a primeira orelha contém um texto que descreve sucintamente o conteúdo do livro, ou então o editor faz uso dela e também da segunda orelha para anunciar outros livros. Os livros ingleses geralmente trazem no pé da primeira orelha o preço, que pode ser destacado se o livro é para ser presenteado – embora fosse melhor jogar fora a sobrecapa de uma vez. Mera serva da capa, ela não se torna mais "aristocrática" se as orelhas e o verso são deixados em branco. Já que o comprador aprecia as informações sobre outros livros do mesmo editor, não é necessário ter escrúpulos de cobrir as orelhas, o verso e possivelmente toda a parte interna da sobrecapa, quase sempre deixada em branco, com anúncios de livros e notícias do editor. Outra questão é saber se a tiragem garante a despesa. Freqüentemente é mais razoável imprimir em papel fino uma lista completa de títulos disponíveis e enfiá-la entre as páginas do livro. Em nenhuma circunstância é preciso fazer um esforço para produzir uma sobrecapa que, para além do desejado efeito de ser atraente, seja discreta e reservada. Não está proibida a composição bonita e bem cuidada, mas o design da sobrecapa deve ser tal que permita ao leitor jogá-la fora sem apreensões depois de lida, como qualquer folheto. Este é o único meio de combater o hábito desagradável de algumas pessoas que, como um livreiro, põem livros com sobrecapa em suas estantes. (Só porei na estante um livro que ainda estiver dentro de sua sobrecapa se a capa for ainda mais feia do que ela. Infelizmente, o número de tais capas cresce ano a ano!)

Os dizeres da lombada da sobrecapa devem reafirmar todas as informações essenciais da parte frontal. Compradores tarimbados de livros – os não-compelidos a retirar da estante todo e qualquer volume – deveriam ser capazes de captar tudo que vale a pena saber ao passar os olhos pela lombada. Esta lhes deve revelar o autor e o título e, havendo espaço, fornecer alguns detalhes sobre o organizador ou editor do texto, o número de páginas, tabelas, ilustrações e assim por diante, e também o nome da casa editora. O design da lombada da sobrecapa deve ser tão atraente quanto o da própria parte frontal.

Por não ser parte integrante do livro, o design da sobrecapa e sua forma gráfica não têm necessariamente de seguir o padrão do livro. É inteiramente permissível envolver uma capa nobre e refinada numa sobrecapa grosseira, concebida exclusivamente com o fim de atrair compradores. Por outro lado, qualquer pessoa de bom gosto se mostrará mais disposta a acolher o livro se houver alguma coordenação entre a cor e a forma da sobrecapa, o próprio livro e a luva em que ele se encontra. Quanto mais caro é o livro, mais durável e resistente ao uso deve ser o papel da sobrecapa. Livros baratos, destinados a uma venda rápida, podem ter uma sobrecapa feita de papel de baixa qualidade; livros preciosos costumam ficar mais tempo na vitrine e precisam de sobrecapas feitas de papel forte e alcalino.

O impressor necessita de um boneco exato do livro acabado para imprimir uma sobrecapa que se ajuste perfeitamente; de outro modo são inevitáveis os erros de posição. Sua altura finalizada tem de igualar precisamente a da capa. A tiragem deve ser dez por cento maior do que a do livro, para que as sobrecapas danificadas possam ser substituídas.

Se o livro vem numa luva simples, uma caixa de cartolina (que, como a sobrecapa, tem de ser removida antes que o livro vá para uma estante de biblioteca), a publicidade pode então ser colada no lado que estará à mostra, e o próprio livro não precisa de sobrecapa impressa. Isto é preferível fazer quando o livro, frouxamente encadernado, não se sustenta em pé. Os livreiros, então, expõem a caixa com o livro dentro.

Cintas na forma de tiras de papel podem ser visíveis, mas prejudicam o livro que não tem sobrecapa. A luz do sol desbota a cor da parte exposta do livro, que não demora a ganhar uma aparência feia, não podendo mais ser vendido. Somente livros com sobrecapas podem ter cintas, que também podem ser simuladas por sobreimpressão.

Sobre Livros Largos Demais, Grandes Demais ou Quadrados

NÃO É SÓ a manuseabilidade geral de um livro que determina sua largura absoluta; a profundidade da estante média também precisa ser considerada. Portanto, livros com largura superior a, digamos, 24 cm (9½ pol.) são incômodos. A maioria das pessoas não gosta de manusear livros tão largos. Eles não cabem nas estantes, ficam largados durante algum tempo até que o proprietário os impinge a alguém, ou então terminam na cesta de papéis usados. Estamos pensando, por exemplo, nas publicações com a história de firmas comerciais, que querem impressionar pelo tamanho; quase invariavelmente falta o título na lombada, embora aqui isso não tenha muita importância.

Aqueles que querem que seus livros durem e que sejam reencontrados não os fazem excessivamente largos nem se esquecem de pôr o título na lombada.

Livros legitimamente largos, os que contêm grandes e valiosas estampas por exemplo, constituem uma outra história. O proprietário destes dispõe usualmente de um lugar especial para eles. Mas, de modo geral, não se deve fazer livros excessivamente grandes. É raro a gente encontrar o caso inverso: livros que são pequenos demais.

Nos últimos tempos, livros quadrados viraram moda em certos círculos, entre pessoas que se imaginam ultramodernas e que gostam de fazer coisas diferentes. Elas usam tipos *sem-serifa* em vez do *romano*, preconizam inícios de parágrafo alinhados à esquerda e evitam os indispensáveis recuos porque, segundo alegam, eles trazem inquietação à página; estas são as pessoas que gostam de usar um formato quadrado.

Na verdade, um formato quadrado é menos repulsivo do que, digamos, um formato in-quarto excessivamente largo, que redunda em algo balofo como um hipopótamo. Aqui, um quadrado opticamente corrigido ou mesmo um quadrado puro podia ser melhor.

Mas há três argumentos contra livros cujo formato se aproxima do retângulo equilátero. O primeiro é a manuseabilidade. Sem apoio, é difícil para uma mão dominar um livro quadrado – até mais difícil do que segurar o horrendo formato A5. O segundo argumento diz respeito à armazenagem. Se esses livros têm mais de 24 cm (9½ pol.) de largura, têm de ser guardados horizontalmente. No entanto, os livros precisam ficar em pé numa estante para que possam ser encontrados rapidamente e usados.

Quanto ao argumento final, tenho de fazer um pequeno rodeio. São as charneiras em cada lado da lombada que mantêm o miolo, o bloco do livro, em posição. Se o miolo é pesado – o que, infelizmente, acontece muitas vezes –, a dianteira do livro cede, encosta na estante e começa a coletar poeira, coisa que as seixas da capa devem impedir. Quanto mais longa é a lombada do livro em relação à largura, mais o miolo se conserva em posição. A lombada de um álbum em formato paisagem (*i.e.*, horizontal) não é mais suficiente para preencher esta função. A situação é idêntica para livros que se aproximam do formato quadrado: a dianteira do miolo logo encosta na estante. É por essas razões que os livros no formato quadrado devem ser rejeitados como modernismos fundamentalmente equivocados.

Dentro da faixa de dimensões mais plausíveis de livros, temos numerosas proporções – isto é, relações entre largura e altura. Uma vez que a tradição correta foi abandonada e deve ser restabelecida, devemos começar do começo e examinar o formato de um livro antes de passarmos a trabalhar nele. Devemos investigar as proporções geométricas, averiguar se as relações são precisamente 2:3, 3:4 ou seguem a Seção Áurea, para mencionarmos algumas das mais importantes.

Mais do que se pensa, uma proporção simples como 2:3 é a melhor; serve até para livros in-quarto, ainda que talvez se precisasse mandar fabricar especialmente o papel. Não existe receita, mas muito se pode aprender com livros produzidos antes de 1790, até sobre proporções.

Uma última palavra que apenas toca de raspão em nosso tema: o peso de um livro. Quase todos os nossos livros são excessivamente pesados. Freqüentemente a causa é o papel revestido empregado na confecção de trabalhos artísticos. Volumes grossos, feitos nesse papel, devem, portanto, ser divididos em dois tomos. Os livros antigos eram muito mais leves. Na verdade, pode-se dizer que os livros chineses são leves como plumas. As fábricas de papel precisam esforçar-se no sentido de produzir papéis muito mais leves. Isto se aplica em particular a papéis revestidos e ofsete.

Papel de Impressão: Branco ou Mate?

A MATÉRIA-PRIMA utilizada para fabricar papel tem de ser alvejada quimicamente antes de atingir uma cor branca pura. Mas o papel não-alvejado não é só mais durável, é também mais bonito. Hoje é muito raro e só aparece na forma de papel feito à mão. O tom maravilhoso de nossos mais antigos livros impressos e – mais antigos ainda – nossos manuscritos em papel resistiu ao teste do tempo e continua lindo como sempre, já que os livros não foram danificados pela água ou pela decadência. Quando se elogiava o papel "branco-puro" daqueles tempos que não voltam mais, o que se tinha em mente era o tom levemente cru que o papel não-branqueado retinha do linho e da lã de ovelha, matéria-prima de que o papel era feito. Mesmo hoje esse tom é o mais belo de todos.

O que seduz o olho inexperiente numa coleção de papéis de impressão é naturalmente o branco-detergente do papel ofsete, que nunca pretendeu ser usado em livros. Devia ser usado em impressões coloridas, que se tornam mais autênticas quando o papel do fundo é branco-puro. Pela mesma razão, quase todo papel tipo cuchê hoje é revestido de branco em ambos os lados. Durante anos levantei minha voz, pedindo que esse papel fosse sempre levemente nuançado, mas, ai de mim, até agora em vão. Seria sumamente desejável, mas ninguém se interessa por isso.

Talvez porque as pessoas dos escritórios das oficinas gráficas sejam vítimas do fascínio que emana de uma folha de papel branco-puro; talvez também porque alguns achem que é mais "moderno" – não faz lembrar refrigeradores, modernos aparelhos sanitários e o consultório do dentista? – ou talvez porque o papel ofsete branco funcione melhor em estampas de arte e ninguém fabrique papel tipo cuchê nuançado; talvez porque se queira que o produto acabado seja "brilhante"; e talvez também porque leigos bisonhos tenham voz nessa questão, temos hoje tantos e tantos livros impressos em papel branco-puro. Até as capas de livros começam aqui e ali a aparecer na roupagem branca da inocência. Estou divagando, mas as capas brancas de livros são expressão da mesma tendência malsã e, além do mais, extremamente delicadas.

Os responsáveis por esses livros, será que eles alguma vez lêem seus próprios produtos? Já que os conhecem, talvez não dêem mais do que uma olhada. Mas a leitura propriamente dita é coisa bem diferente. Presumivelmente lêem livros, mas não os que eles mesmos produziram, e notam então como pode ser aflitiva uma página em branco-puro. Não só é fria e inamistosa; é também inquietante porque, como a neve, ofusca o olho. Em vez de se misturar com a mancha e tornar-se uma unidade, a cor branca do papel refugia-se num outro plano óptico, o que gera um desagradável efeito de transparência.

Por si mesmo, fazer mau uso do papel ofsete branco para imprimir livro já é um sinal de produção descuidada. O efeito prejudicial de uma página branca é ainda reforçado pela desoladora algidez da superfície do papel, que praticamente não tem textura. Em sua maioria, as fontes em uso hoje são de qualquer modo uniformes e regula-

PAPEL DE IMPRESSÃO: BRANCO OU MATE?

res, fato especialmente evidente na composição mecânica. Tudo isso combinado cria uma impressão de extrema polidez e frieza, uma espécie de espelho da indiferença que às vezes prevalece na feitura dos livros. Mas um livro bonito nunca deve ser só o resultado de cálculos engenhosos e gasto mínimo de energia. Se com freqüência ganhamos elogios no exterior por nossos livros, isso deve ser visto como homenagem prestada à nossa avançada técnica de impressão e não à beleza intrínseca deles*. Muitas nações não contam com esses meios de produção, mas o descaso pelo livro como objeto com direito próprio está tão generalizado lá como aqui. Se o livro é uma necessidade, temos então de relevar qualquer deficiência técnica, é claro. As altas cifras de vendas de uma obra científica não subentendem que o livro em si é uma bela edição. Não fazer mais do que o absolutamente necessário não equivale a arte. A arte começa pelo aparentemente supérfluo. Só quando um livro se apresenta tão agradavelmente, quando o objeto *livro* é tão perfeito que espontaneamente sentimos vontade de comprá-lo e levá-lo para casa, só então pode ser um exemplo genuíno da arte de fazer livros.

Um papel bonito contribui para a atratividade de um livro tanto quanto a tipografia requintada. Com freqüência faz-se vista grossa para isso. Como são extremamente raros livros cujo papel revela a mão de um designer inteligente e culto! Isso porque é possível projetar o papel exatamente para o livro em pauta. Pode-se considerar a relação entre espessura e flexibilidade, o tipo da fonte usada, o clima do livro e, em seguida, especificar a textura, a tonalidade e o peso do papel de maneira a obter perfeita harmonia entre

---

* Esta e a frase seguinte se referem à Suíça. – JT

todas as partes. Nossas fábricas de papel estão capacitadas e preparadas para atender a tais desejos. Sequer é necessário elevar o preço.

Seja como for, é conveniente que o papel branco-puro só seja usado onde é incontornavelmente exigido pelo trabalho em questão. E acho difícil imaginar um caso assim. Se o termo "branco-pétala" é utilizado como recomendação para papel, isso constitui um abuso deplorável de nosso deleite com as flores. Pétalas brancas são belas realmente, mas sua cor não é uma nuance adequada para as páginas de um livro. A locução "papel alvo como a neve" é usada menos amiúde, talvez porque bem no fundo ainda exista certo gosto pela correção das coisas.

Durante e após anos de indigência nacional, pode-se encontrar, em livros, muito papel cinzento e amarelo-mofo. Passados os tempos difíceis, as pessoas esperam justificadamente que seus livros sejam feitos de papel bonito e durável. Mas o leigo está enganado em sua opinião segundo a qual papel bom tem de ser branco-puro e papel mate não é durável. O especialista deve saber que isso é uma falácia. Deve explicar. Temos papel branco-puro que amarelece em dez anos, assim como existe papel indubitavelmente cinza da melhor qualidade!

Brancura nunca é um sinal seguro de qualidade e durabilidade. O papel de impressão de livro levemente mate – tonalidade em geral quase imperceptível – é superior. Não ofusca o olho e promove certa harmonia entre papel e impressão, que, no papel branco, só pode ser alcançada em casos raros e excepcionais.

Repito: a alvura de um papel nada diz de sua durabilidade. Porque ofusca o olho, é inapropriada para imprimir livros. O necessário é uma delicada aproximação do linho

PAPEL DE IMPRESSÃO: BRANCO OU MATE?

cru ou da camurça. Mesmo livros e revistas baratos, e também jornais, devem ser impressos em papel mate, não em papel cinza-puro.

Além do mais, certos caracteres reclamam papéis de tonalidade e textura definidas. Isso se aplica especialmente aos novos punções de tipos clássicos. Quanto mais antigo o tipo, mais escuro e mais áspero tem de ser o papel. De fato, sobre papel branco o romano Poliphilus (1499) nada tem de sua legítima autoridade. É apresentado exclusivamente sobre papel que, em tom e caráter, assemelha-se ao do período em torno de 1500. Diga-se o mesmo do romano Garamond (por volta de 1530). Em fins do século XVIII, surgiu certa preferência por papel "branco", porque o romano Baskerville (por volta de 1750) e o romano Walbaum (por volta de 1800) funcionam melhor com papel quase branco (felizmente o processo de alvejamento na época não era tão perfeito como é hoje). Somente o romano Bodoni (cerca de 1700), e apenas em corpos grandes sobre páginas grandes, pode tolerar papel "branco-puro" – contanto, porém, que tenha uma certa textura superficial. Isso porque Bodoni cultivou deliberadamente o extremo contraste entre o agitado preto-e-branco do tipo, de um lado, e o papel branco bem uniforme do outro – efeito, aliás, que torna difícil a leitura agradável. E o século XIX seguiu-lhe as pegadas. O papel amarelo-mofo que Bodoni usou durante as últimas décadas de sua vida foi menos uma questão de escolha do que uma conseqüência de incautamente deixar deteriorar-se a fabricação de papel. Hoje, quase todo o seu papel parece repugnante.

Atualmente, a tonalidade dos papéis resulta da adição de pigmentos de cor. Incontáveis variações se tornam possíveis mediante a alteração de cor, composição, cola e, em especial, textura da superfície. Não nos esqueçamos disso e façamos uso desse conhecimento com a maior freqüência possível.

Dez Erros Comuns na
Produção de Livros

1. *Formatos desviantes.* Livros que são desnecessariamente grandes, desnecessariamente largos e desnecessariamente pesados. Os livros precisam ser de fácil manejo. Livros mais largos do que a relação 3:4 (in-quarto), especialmente os quadrados, são feios e pouco práticos; as boas proporções mais importantes para livros eram, e são, 2:3, a Seção Áurea e 3:4. O formato híbrido A5 é particularmente ruim, ao passo que o formato híbrido A4 às vezes não é inteiramente inadequado. O miolo de livros largos demais – livros quadrados sobretudo – deixam cair a dianteira. Não é fácil pôr na estante ou mesmo armazenar livros que medem mais de 25 cm (9⅞ pol.) de largura.

2. *Composição tipográfica inarticulada e disforme*, como conseqüência da supressão dos recuos dos parágrafos. Infelizmente esse mau hábito é estimulado pelas escolas técnicas de comércio, que ensinam, erroneamente, que escrever cartas sem recuos é "moderno". Não se deve acreditar que isto é apenas "uma questão de gosto". Aqui leitores e não-leitores se separam.

3. *Páginas de abertura sem nenhuma capitular*, páginas que começam abruptamente no canto superior esquerdo e parecem-se com qualquer outra página de texto aberta casualmente. A gente pensa que está vendo uma página qualquer e não uma inicial. A abertura de um ca-

pítulo deve ser marcada por um largo espaço em branco acima da primeira linha, por uma letra capitular ou por algo que a diferencie.

4. *Carência de forma*, conseqüência da imobilidade resultante do emprego de um único corpo de tipo. É difícil para qualquer leitor se orientar num livro em que as aberturas de capítulos não se destacam e em que título e imprenta foram compostos em caixa-baixa, exclusivamente no corpo da fonte básica.
5. *Papel branco, e até branco-puro.* Sumamente desagradável para os olhos e uma ofensa à saúde da população. Uma leve tonalidade (marfim e mais escuro, mas nunca creme), jamais importuna, costuma ser melhor.
6. *Capas brancas de livros.* Igualmente consternadoras. São quase tão delicadas quanto um terno branco.
7. *Lombadas planas em livros encadernados.* As lombadas de livros encadernados devem ser suavemente arredondadas; se não são, os livros ficam tortos depois da leitura e os cadernos do meio projetam-se para fora da capa.
8. *Títulos verticais gigantescos em lombadas* que são suficientemente largas para receber uma inscrição horizontal. Títulos na lombada não precisam ser legíveis de longe.
9. *Nenhuma inscrição na lombada.* Indesculpável em livros de mais de 3 mm de espessura. Como localizar na estante um folheto desses? O nome do autor não deve faltar. Muitas vezes determina a posição de um livro na estante.
10. *Ignorância do – ou descaso pelo – uso correto de versaletes, grifo e aspas:* ver páginas 141-150.

Índice

Algarismos arábicos. *Ver* Folha de rosto
Algarismos romanos. *Ver* Folha de rosto
Alte Schwabacher. *Ver* Famílias de tipos
Artista gráfico, 31, 43, 96, 118
Art Nouveau, 96
Aspas, 148-150, 214
  duplas barrocas, 149
  pés-de-ganso alemães, 148, 149
  pés-de-pato, *guillemets*, 124, 125, 149
Asterisco, 125, 159, 162
Autor, 142, 145-147, 169, 214. *Ver também* Folha de rosto
Barroco,
  impressores, 96, 98
  livros, 53, 56, 141
Baskerville. *Ver* Famílias de tipos
Berner, Conrad, 144
Biedemeier, época. *Ver* Formato de livro. *Ver também* Mancha
Bloco de texto, 81, 84-86, 88, 109, 123, 151, 153, 163, 169, 174, 177, 183
Bloco do título. *Ver* Folha de rosto

Bodoni, Giambatista, 44
Bodoni. *Ver* Famílias de tipos
Boneco, 81, 201
Breitkopf Fraktur. *Ver* Famílias de tipos
Caixa-alta [*Uppercase*], 108, 124
Cânone áureo. *Ver* Mancha
Cânone de Gutenberg. *Ver* Mancha
Cânone gótico. *Ver* Mancha
Capa de livro, 197-199, 201, 214
Capitular romana. *Ver* Letra capitular
Capitular tremada. *Ver* Letra capitular
Capítulo, início de, 54
Cícero. *Ver* Paica
Cintas [*Wrappers*], 197, 201
Clicherista, 176
Codex Sinaiticus, 66
Cola, 176, 188, 190
Colaboradores. *Ver* Folha de rosto
Composição [*Composition*], 46
Composição [*Typesetting*],
  assimétrica, 46
  centrada, 55
  correta, 41
  máquinas de, 37

Composição assimétrica. *Ver*
　Composição
Compositor, 44, 109, 110, 118,
　123, 127, 133, 139, 142,
　152, 169
Corpo (tamanho do tipo), 28,
　46, 82, 94, 96, 108, 114,
　116, 138, 154, 167, 214
Corte, 193, 194
Croqui, 43
Derriey, Charles, 44
Design de livro, santidade da
　palavra escrita, 31-32
takt (tato; ritmo), 14, 28, 83
Designer de livro, 118
Diagrama de Villard. *Ver*
　Mancha
Didot (romano). *Ver* Famílias
　de tipos
Edição limitada, 52
Editor, 123, 139, 169. *Ver*
　também Folha de rosto
Eixo central. *Ver* Tipografia
Encadernação, 81, 192
Encadernador, 80, 118, 185
Entrelinhamento, 28, 82, 83,
　112, 116, 136, 151-155,
　157, 159, 160, 168, 169
Espacejamento, 40-42, 123,
　124, 131, 152, 163. *Ver*
　também Interespacejamento
Estante, 201
Estilo tipográfico, 43
Falsa folha de rosto. *Ver* Folha
　de rosto
Famílias de tipos, 35, 36, 39,
　43-45, 47, 84
　Alte Schwabacher, 143

Baskerville, 40, 211
Bodoni, 40, 152, 153, 156,
　166, 211
Breitkopf Fraktur, 143
Didot, 153
Fraktur, 40-42, 100, 120,
　141-143, 149, 152, 167
Fraktur de Unger, 153
Garamond, 143, 144, 152,
　153, 165, 211
Janson, 120
Polliphilus (romano), 211
Romano, 39-42, 100, 103,
　132, 141 ,142, 144, 146,
　152-154. *Ver*
　também Folha de rosto
Schwabacher, 41, 141-143,
　152, 153, 167
Walbaum, 39, 40, 153, 156,
　211
Fibra do papel, 185, 187
Folha de rosto, 45, 91, 100,
　102, 110, 112, 114, 116,
　120, 122, 197
　algarismos arábicos, 103
　autor, tratamento do, 108, 116
　bloco do título, 94, 98, 100,
　　112 114
　colaboradores, 116
　croqui da, 109, 110
　falsa folha de rosto, 96
　imprenta, 94, 110, 112, 114
　Insel Verlag, 96
　números (numerais), 103, 108
　provas da, 110
　símbolo do editor, 94, 96,
　　98, 100
　verso da, 114, 116, 118

ÍNDICE

Formatos de fábrica. *Ver*
Formato de livro
Forca, 172
Formato A4. *Ver* Formato de livro
Formato A5. *Ver* Formato de livro
Formato de livro,
A4, 65, 174, 213
A5, 64, 86, 204, 213
Alta Idade Média,
proporções dos livros na, 65
determinado pela finalidade, 61, 62
e formatos de fábrica, 85
in-quarto, 65, 66, 75, 85, 174, 195, 205, 213
in-oitavo, 62, 85
normal, 85
paisagem, 70, 177
proporções irracionais, 85
proporções racionais, 85
quadrado, 66, 77, 84, 183, 203, 213
Formatos DIN de folhas [em branco]. *Ver* Proporção da página
Formatos normais. *Ver* Formato de livro. *Ver também* Proporção da página
Fraktur. *Ver* Famílias de fontes
Fraktur de Unger. *Ver* Famílias de fontes
Gabelsberger, estenografia de, 50
Galés, 110
Garamond, Claude, gravador de letras, 51
Grifo, 40-42, 45, 54, 103, 124, 141-147
Guardas, 194, 198

Guillemets. *Ver* Aspas
Gutenberg. *Ver* Impressores
Hegner, Jakob, 38
Hífen, 167
Idade Média, 50
Imagens (Figuras, Ilustrações), 153, 173, 176, 177, 179-181, 185
Impresso
e descendentes, 40
e elementos pesados e leves, 40
Impressores, 118, 128, 181, 187
barrocos, 96, 98
góticos, 96, 98
Gutemberg, 65, 68, 78, 131
renascentistas, 47, 55, 96, 98
Impressores góticos. *Ver* Impressores
Incunábulos, 131
In-oitavo. *Ver* Formato de livro. *Ver também* Proporção da página
In-quarto. *Ver* Formato de livro. *Ver também* Proporção da página
Insel Verlag. *Ver* Folha de rosto
Interespacejamento, 28, 41, 42, 102, 163. *Ver também* Espacejamento
Itálico. *Ver* Grifo
Janson. *Ver* Famílias de fontes
Jaqueta. *Ver* Sobrecapa
Johnston, Edward, 77
Koberger, Anton, 197
Largura do tipo. *Ver* Mancha
Legenda, 173, 175, 180, 186
Leiaute, esboço de. *Ver* Croqui

Letras capitulares (maiúscula,
   versal, caixa-alta),
   romana, 42
   tremada, 125
   Ver também Folha de rosto
Letras isoladas, 51
Linhas centradas, 45
Livros antigos, importância
   dos, 52
Livros in-dezesseis. Ver
   Proporção da página
Livros medievais. Ver Mancha
Livros, principais categorias
   de, 61
Livros quadrados. Ver Formato
   de livro
Luva [Slipcase], 198, 200, 201
Maiúsculas, 108
Mancha, 66-71, 76, 77, 80, 85,
   86, 93, 108, 114, 123, 153,
   160, 173, 175, 177
   cânone áureo, 69
   cânone de Gutenberg, 71
   cânone gótico, 72
   Diagrama de Villard, 72, 76
   largura do tipo e proporção
   da página, 83
   livros medievais
   (manuscritos), 68, 69, 84, 88
   período Biedermeier, 66
   prática renascentista, 54, 55
   Rosarivo, Raúl, 71, 73
   van de Graaf, J. A., 72
   Vincentius, Marcus, 77
Manuzio, Aldo [Aldus
   Manutius], 197
Marcador de página, fita de,
   195, 196

Margens, 28, 43, 67, 68, 81,
   83, 93, 94, 112, 114, 128,
   129 153, 170, 175, 177,
   179, 183, 187, 190
Medianiz [Gutter, inner-
   margin], 80, 81, 187, 190
Meio-preto (caracteres), 41,
   108, 146
Monotype Corporation, 32
Morison, Stanley, 32
Negrito Ver Meio-preto
Notas de rodapé, 125, 129,
   155, 156, 159, 160
Notas marginais, 160
Nova Tipografia. Ver Tipografia
Número [algarismos, numeral],
   125, 159, 160, 171, 181,
   183. Ver também Folha de
   rosto
Números elevados
   [Superscript], 125, 155, 156
Página de copyright, 116
Página espelhada, 116
Página de amostra. Ver Provas
Páginas-modelo, 127, 129
Paica [Cícero], 77, 80, 154, 155
Paisagem. Ver Formato de livro
Papel
   de fundo, 186, 187
   para provas, 127
   tamanhos de, 78, 79, 86
   ofsete branco, 208
Papel de fundo, Ver Papel
Papel ofsete branco. Ver Papel
Parágrafo, símbolo de, 135. Ver
   também Rubricação
Parênteses, 125, 155, 156, 166,
   181

ÍNDICE

Perfil (delineamento) tipográfico, 98
Pés-de-ganso. *Ver* Aspas
Pés-de-pato. *Ver* Aspas
Poeschel, Carl Ernst, 37
Poliphilus, Romano. *Ver* Famílias de tipos
Pontos de suspensão [Reticências], *Ver* Elipse
Pranchas, 176, 181, 183, 185, 186, 188, 190
Prefácio, 146
Proporção da página, 64-68. *Ver também* Formato de livro
Proporções das margens, 67, 68, 93
Proporções irracionais. *Ver* Formato de livro
Proporções racionais. *Ver* Formato de livro
Provas [Páginas de amostra], 110, 127-130, 174, 183
Recuos, 41, 53-55, 124, 135-140, 157, 159, 171
Relação definida, 64
Renascença
  livros da, 53, 54, 56, 75
  títulos avantajados, uso de, 54
  Ver também Proporção da página; Impressores; Famílias de tipos
Requife, 191-196
Reticências (pontos de suspensão), 161-163
Revisor de provas, 128
Ritmo [*Takt*]. *Ver* Design do livro

Romano. *Ver* Famílias de tipos
Rosarivo, Raúl. *Ver* Mancha
Rubricação, 135, 143
  Ver também Parágrafo, símbolo de
Scheller, Immanuel, 141-144
Schoffer, Peter, 68, 78
Schwabacher. *Ver* Famílias de tipos
Seção Áurea, 52, 62, 63, 76, 79, 80, 84, 86, 174, 205, 213
Simetria. *Ver* Composição
Sobrecapa, 33, 34, 197-201
Sterne, Laurence, 161
Stillwillen, 37
Tato [*Takt*]. *Ver* Design de livro
Tipografia,
  apelo ao leitor, 35
  de eixo central, 38, 57
  de jornal, 27
  espírito da, 44
  estrutura simples da, 45
  experimental, 55
  legibilidade da, 27
  Nova Tipografia, 38
  perfeita, 25, 29
  simétrica, 57, 59, 60
  superior, 28
Tipografia de jornal. *Ver* Tipografia
Tipografia simétrica. *Ver* Tipografia
Tipografia superior. *Ver* Tipografia
Títulos, 54, 55, 124, 138. *Ver também* Renascença, uso de títulos avantajados; Títulos correntes

219

Títulos avantajados, 28, 84, 170
Títulos correntes, 28, 84, 170
Travessão, 124, 161, 165-167
Últimas páginas, 118
Unger, J. F., 141
Van de Graaf, J. A. *Ver* Mancha

Versaletes, 41, 42, 147, 148
Verso da folha de rosto. *Ver* Folha de rosto
Vincentius, Marcus. *Ver* Mancha
Viúvas, 169
Walbaum. *Ver* Famílias de tipos
Weiss, Emil Rudolf, 39, 109

TÍTULO *A Forma do Livro*
AUTOR Jan Tschichold
TRADUÇÃO José Laurenio de Melo
REVISÃO Carla Fontana
Claudio Rocha
Geraldo Gerson de Souza
Maria Cristina Marques
Marilena Vizentin
Mayra Laudana
Plinio Martins Filho
FORMATO 14,6 × 23,2 cm
NÚMERO DE PÁGINAS 224

ESTE LIVRO FOI COMPOSTO EM SABON, FONTE
DESENHADA POR TSCHICHOLD NO COMEÇO DOS ANOS
60, PELA NEGRITO PRODUÇÃO EDITORIAL, EM ACORDO
COM OS PRINCÍPIOS PREGADOS POR JAN TSCHICHOLD.
FOI IMPRESSO EM PAPEL PÓLEN SOFT 80 G/M² PELA
GRÁFICA VIDA E CONSCIÊNCIA, SÃO PAULO, EM
OUTUBRO DE 2014